社会的ジレンマ

「環境破壊」から「いじめ」まで

山岸俊男
Yamagishi Toshio

PHP新書

社会的ジレンマ　目次

プロローグ〜社会をコントロールするための科学をめざして〜

第3章　不信のジレンマと安心の保証

第4章 ジレンマを生きる

第5章　「かしこさ」の呪縛を超えて

プロローグ～社会をコントロールするための科学をめざして～

　私たちはいま、新しい時代の扉を開けようとしています。コンピュータや情報通信システムの急速な発達は、これまでと全く違った世界を私たちに与えてくれるでしょう。また二十一世紀は生命科学や脳科学の世紀だとも言われています。新しい科学の発展は、すばらしい未来を私たちに約束しているように思われます。

　しかし私たちは、新しいミレニアムがばら色の世界になるだろうという予言を、そのまま信じることができないでいます。科学は進歩するだろう、しかし科学の進歩は私たちに本当にばら色の世界を与えてくれるのだろうか？　私たちの多くは、一方では科学の進歩が生み出すばら色の未来を信じつつ、もう一方では冷めた懐疑的な目で未来を見ているのではないでしょうか。

　科学の進歩がすばらしい未来をもたらしてくれるというシナリオを私たちが全面的には信じられないのは、科学をコントロールするかしこさを私たちが持ち合わせていないと直感的に感じているからです。そのようなかしこさを私たちが本当に持ち合わせているのかいないのかは、私にはわかりません。しかし、次のことだけはわかっています。それは、私たちは私たちが作り出している社会をコントロールするために十分なかしこさを、まだ持ち合わせていないということです。

私たち自身が作り出しているはずの社会を、私たちはまだ十分にコントロールできないでいます。科学がいくら進歩し自然界をコントロールするのに成功しても、社会をコントロールするための科学を私たちはまだ手にしていません。本書のテーマである社会的ジレンマとは、私たちが作り出している社会を自分たちでコントロールできないでいる状態のことです。そして社会的ジレンマの研究とは、私たちの社会を自分たちでコントロールするための科学を作り出すための研究なのです。

自分たちの社会をコントロールできないという点で、私たちはイソップの寓話に登場するねずみたちと同じです。自分たちの問題を解決するために何が必要なのかを、ねずみたちは知っています。猫の首に鈴をつければいいだけの話です。しかし、何をすればいいのかを知っているからといって、彼らの問題が解決されるわけではありません。誰も危険をおかして猫の首に鈴をつけに行かないからです。

私たちはねずみたちと同じように、私たちが直面する問題を解決するために何が必要なのかを知っています。例えば環境問題は、私たちが現在直面している最大の社会的ジレンマですが、その環境問題を解決するためには、環境問題を引き起こす行動を私たちが取らないようにすればいいだけの話です。しかしイソップのねずみたちと同じように、私たちは必要な行動を取っていません。もちろんそうしている人もいますが、十分に多くの人がそうしているわけではありません。また、必要な行動を取るように、私たち自身の行動をコントロールできないでいます。

社会的ジレンマというのは、人々が自分の利益や都合だけを考えて行動すると、社会的に望ましくない状態が生まれてしまうというジレンマです。イソップのねずみたちの例では、誰も自分から進んで猫に鈴をつけに行こうとしないため、結局は皆猫に食べられてしまいました。私たち人間は、豊かな生活や便利さを求めて行動することで、私たちにとってかけがえのない地球の環境を破壊しつつあります。

イソップのねずみたちは皆、猫に鈴をつければいいことを知っています。そして、誰かほかのねずみが猫に鈴をつけてくれることを望んでいます。しかしねずみたちは結局、自分たちにとって望ましい社会状態を達成することができませんでした。皆が望んでいることがどうして達成できないのか――このことを考えるのが、社会的ジレンマについて考えることです。

社会的ジレンマについては、様々な分野の学者や研究者たちが、これまで数多くの研究を続けてきました。社会的ジレンマの研究が行われている学問分野は、心理学、社会学、経済学、政治学、人類学、法学、哲学、生物学など、きわめて多岐にわたっています。これらすべての学問領域で行われた社会的ジレンマの研究（分野によって呼び名は違いますが）をすべて本書で網羅することはとてもできません。そこで本書では、心理学や社会学の分野で行われてきた研究の成果を中心にして紹介していくことにします。

第1章 イソップのねずみと環境破壊

1　環境破壊はなぜ起こるのか

わかっちゃいるけどやめられない!!

筆者が中学生のころだったと思いますが、植木等の「スーダラ節」が大ヒットしました。「チョイト一杯の　つもりで飲んで　いつの間にやら　ハシゴ酒　気がつきゃ　ホームのベンチでゴロ寝　これじゃ身体に　いいわきゃないよ　分かっちゃいるけど　やめられねえ　アホレ　スイスイ　スーララッタ　スラスラ　スイスイスイ」と続いていくわけですが、読者の皆さんも、「わかっちゃいるけどやめられない」という目にあったことは多いのではないでしょうか。

身体に良くないことがわかっているのに酒やたばこをやめられないとか、ダイエットの敵なのについ甘いものに手が出てしまう、などといった経験のない人は、むしろまれだと言えるでしょう。これからお話しする「社会的ジレンマ」は、一人一人の個人ではなく、集団や社会全体が「わかっちゃいるけどやめられない」状態だと言えます。つまり、皆が何をしなければならないかをわかっていても、イソップのねずみたちと同じように、必要なことができないために起る結果に苦しんでいる状態です。

このことを理解するために、いくつかの例を考えてみましょう。

筆者は今日も、渋滞の中をマイカーを使って大学まで通勤しました。渋滞に巻き込まれてイライラしながら、「皆が電車やバスを使って通勤してくれれば、こんな渋滞が起らなくて楽ができるのに」などと、虫のいいことを考えてしまいます。渋滞をなくすためには、皆がマイカーを使うのをやめて、よほどの事情がないかぎり電車やバスなどの公共交通機関を使えば良いことは誰でも「わかって」います。

しかし、筆者を含めて多くの人たちは、この「わかっている」ことをしようとはしません。他の人も一斉に公共交通機関を使うようになれば公共交通機関の整備が今よりもずっと進み、電車やバスを使っても今よりずっと快適に通勤できるはずです。そうなれば、皆進んで公共交通機関を使うようになるでしょう。しかし公共交通機関の整備が不十分な現在の状態のまま、自分一人だけがバスに乗り換えたところで道路の渋滞は解消せず、マイカーの中ではなく混雑したバスの中で渋滞に苦しまなくてはならなくなるのが目に見えています。

一人一人の人間が「わかっちゃいるけどやめられなく」なるのは、自分で自分の行動をコントロールできないからです。わかっていることをすれば、健康や魅力的なスタイルなど、自分にとって望ましい結果が必ず得られます。そうできないのは、目の前の誘惑に勝てないからです。ところが社会的ジレンマの場合には、一人一人の人間にとっては、「わかっている」ことをしたからといって、自分にとって望ましい結果が得られるわけではありません。一人の人間がマイカー通勤をやめてバスで通うことにしたからといって、道路の渋滞がなくなるわけではありません。それどころか、快適なマイカーの中ではなく混雑したバスの中で渋滞に耐えなくてはなりません。しなければならないと「わかっている」ことをした人は、そうしなかった場合よりももっとひどい結果に苦しむことになってしまうのです。

意志を強く持って「わかっている」ことをすればするほどひどい目にあってしまうという点で、社会的ジレンマは、「いつのまにやらはしご酒」という一人ジレンマよりも、その解決がずっと困難です。現代社会で私たちが直面する問題の解決が時としてきわめて困難になるのは、それが、一人一人が「やめられない」問題なのではなく、このような社会的ジレンマのかたちを取っているからです。

社会的ジレンマとは

ここでまず、「社会的ジレンマ」という言葉の定義をしておきましょう。

社会的ジレンマでは、一人一人の人間が、こうすればいいと「わかっていること」をするかどうかを決めます。先に使ったマイカー通勤の例では、公共交通機関を利用することが、渋滞をなくすためにすればいいと「わかっていること」です。これを「協力行動」と呼ぶことにします。皆が協力行動を取って公共交通機関を利用すれば、渋滞はなくなります。

これに対して、渋滞をなくすために望ましい行動だとわかっていてもマイカー通勤をあきらめない人は、「非協力行動」を取っている人です。

社会的ジレンマというのは、こうすれば良いと「わかっている」協力行動を取ると、その行動を取った本人にとっては、その行動を取らなかったときよりも好ましくない結果が生まれてしまう状態だと定義されます。マイカー通勤からバス通勤に変えた人は、満員のバスの中で渋滞に苦しむことになってしまい、マイカーの中で音楽を聴いたりしているよりももっと大変な目にあってしまうという意味で、社会的ジレンマを構成しています。

このことをもう少し正確に定義すると、次のようになります。

社会的ジレンマでは、

①一人一人の人間が、協力行動か非協力行動のどちらかを取ります。

②そして、一人一人の人間にとっては、協力行動よりも非協力行動を取る方が、望ましい結果を得ることができます。

③しかし、全員が自分にとって個人的に有利な非協力行動を取ると、全員が協力行動を取った

場合よりも、誰にとっても望ましくない結果が生まれてしまいます。逆に言えば、全員が自分個人にとっては不利な協力行動を取れば、全員が非協力行動を取っている場合よりも、誰にとっても望ましい結果が生まれます。

次に、いくつかの例を使って、社会的ジレンマについてもう少し詳しく説明することにしましょう。

共有地の悲劇

社会的ジレンマの例として歴史的に最も有名なのは、ギャレット・ハーディンが紹介した「共有地の悲劇」の例です。

産業革命以前の伝統的なイギリスの農村には、コモンズと呼ばれる共有の牧草地がありました。日本の農村の入会地にあたるものです。農民たちはこのコモンズに羊などの家畜を放牧し、日常の用にあてていました。

農民たちが自給自足の足しにするために共有地を利用している間は問題はなかったのですが、産業革命の結果羊毛に対する需要が急増すると、自分たちで使用する限度を超えてなるべく多くの羊を放牧し、より多くの利潤を得ようとするようになります。一頭でも多くの羊を育てればそれだけ利潤も多くなるわけですから、農民たちはあらそってより多くの羊をコモンズに放牧するようになります。
問題なのは、あまりに多くの羊を放牧すると牧草が足りなくなり、羊たちが牧草の根まで食べてしまうため、次の年に牧草があまり育たなくなってしまうことです。ですから一定の牧草地から最大の利潤を得るためには、羊の数を一定の限界の中に押さえておく必要があります。牧草地が一人の農民のものであれば、その農民は当然、自分の羊の数をその限度内に押さえておくでしょう。

ところが共有の牧草地では、それぞれの農民が自分の利益のみを考えているかぎり、羊の数が限度を超えてしまうことになります。この点を、もう少し具体的に考えてみましょう。

限度を超えて羊を増やしたときには牧草の再生量が減少するので、羊の成育が悪くなり、一頭あたりの利潤が低下します。例えば一〇〇人の農民がそれぞれ一〇頭の羊を共有の牧草地に放牧し、一頭あたり一万円の利益をあげているとします。ここに誰かが一頭の羊をさらに加えると、一頭あたりの利益が一〇〇円分だけ減少するとしましょう。この羊を加えることにより、羊の持ち主が今まで持っていた羊からの利益は一〇頭×一〇〇円＝一〇〇〇円分だけ減りますが、新たな羊から九九〇〇円の利益をあげることができるので、差し引き八九〇〇円の利益の増加になります。

この羊の持ち主にとっては、このように、新たに一頭の羊を加えることで、今まで以上に多くの利益をあげることになります。しかし農民全体を考えるとどうでしょう？　一〇〇人の農民がそれぞれ一〇頭の羊を飼っているわけですから、牧草地全体では一〇〇〇頭の羊がいます。この一〇〇〇頭の羊のそれぞれから得られる利益が一頭あたり一〇〇円分だけ減少すれば、全体では一〇〇〇頭×一〇〇円＝一〇万円の減収となり、新たに加えられた羊から得られる九九〇〇円の利益を足しても、結局は全体で九万一〇〇円の減収になります。もし一人の農民が牧草地の全体を経営していれば、このように、損をすることがわかっていながら羊を増やすことはしないでしょう。

「共有地の悲劇」は、一頭の羊を増やすことによる全体の損失（一〇万円）が、そこから生まれる利益（九九〇〇円）よりも大きいにもかかわらず、損失が農民全体に拡散してしまい、農民一人あたりの損失（一〇〇〇円）が利益よりも小さくなってしまうために起るわけです。それぞれの農民にとっては自分の羊を増やした方が自分の利益が大きくなります。しかし全員がそのようにして羊を増やし続ければ結局は牧草地が荒廃してしまい、元も子もなくなってしまいます。

ここで注意しておく必要があるのは、この「共有地の悲劇」は村人たちが無知で、羊を増やすという自分たちの行動が悲劇を生み出すことを理解できなかったために起ったのではないという点です。一人の農民が牧草地全体を管理していれば、羊の過剰放牧は起らないでしょう。

しかし牧草地を農民たちが好き勝手に利用できる状態にあるかぎり、一人一人の農民がいくら悲劇的な結果を予想できたとしても、悲劇を回避することはできません。自分一人だけ羊を増やさないでいれば、失う利益がもっと大きくなってしまうからです。

例えば先の牧草地で一〇頭の羊が増え、一頭あたりの利益が一〇〇円×一〇頭＝一〇〇〇円分だけ減ったとします。このとき、自分は羊を増やさないと頑張っている農民は一〇〇〇円×一〇頭＝一万円の損をします。しかし自分も一頭だけ羊を増やせば、八九〇〇円の利益をあげることができるので、損失は一一〇〇円ですみます。このように、猫に鈴をつける必要性を一匹一匹のねずみがいくら理解していても、誰も自分から進んで鈴をつけようとしないために起る悲劇が回避できないのと同じように、全員で羊の数を減らすことを決定してその決定を守るのでないかぎり、結果を予想できるからといって、悲劇を回避できることに直接はつながりません。このことを、ここで理解しておく必要があります。

このような「共有地の悲劇」は産業革命時のイギリスだけではなく、現在も地球上の至る所で進行しています。例えばサハラ砂漠に南接するサヘル地域での砂漠化の進行は、現代における「共有地の悲劇」の典型だと言えるでしょう。この場合にも、サヘル地域の住民は少ない木を伐採してしまえば砂漠化が進行して、ますますひどい目にあうようになることはわかっています。しかし木を切らなければ湯を沸かすことも、食物を調理することもできません。従って、いくら砂漠化をまねくことがわかっていても、少ない木を伐採し続けることになってしまうのです。

環境問題は社会的ジレンマ

先に紹介した「共有地の悲劇」は、現代では環境問題として私たちの前に立ち現れています。われわれの一人一人は、環境にやさしい行動を取るかそれとも環境を無視した行動を取るかというかたちで、いつも協力行動を取るか非協力行動を取るかの選択をしています。あるいは、環境を守るための運動に参加するといったかたちで協力行動を取っている人もいるでしょう。

社会的ジレンマの定義で述べたように、一人一人の人間にとっては、協力行動を取るよりも非協力行動を取る方が、個人的には有利な結果を得ることができます。環境にやさしい行動を取ったり、環境を守るための運動に参加するためには、それなりのコストがかかるからです。環境にやさしい商品に普通の商品よりも高い値段を払ったり、余分な手間ひまをかけてゴミや廃棄物を処理したりといったコストです。あるいは、環境を守るための運動に参加することで、時間やお金やエネルギーが余分にかかります。その割には、自分一人が環境にやさしい行動を取ったからといって、あるいは環境保護運動に参加したからといって、環境破壊の進行から自分個人が受ける被害の大きさが、コストに見合った分だけ少なくなるわけではありません。

自分一人が環境にやさしい行動を取るかどうか、環境保護運動に参加するかどうかによって、環境破壊から自分個人が受ける被害の大きさはほとんど変わりません。しかし、皆が自分と同じように行動するとなると話は全く変わってきます。世界中の人たち全員が環境にやさしい行動を取るようになれば、皆が環境を無視した行動を取っている状態よりも望ましい状態が得られます。つまり、全員が協力行動を取った場合の結果は、全員が非協力行動を取ったときの結果よりも、誰にとっても望ましいものとなります。

同じような問題は、漁業資源のような、持ち主のいない共有の資源の枯渇問題についてもあてはまります。先に紹介した「共有地の悲劇」はその典型例です。

例えば、炭酸ガスの増加による地球の温暖化は、典型的な社会的ジレンマの例です。一人一人の人間は、自動車に乗ることによって排気ガスを出すかどうか、電気製品を使用することで発電のための石油の燃焼を要求するかどうか、あるいは熱帯雨林に住んでいる人の場合には林を焼き払って農地にするかどうか、といったかたちで協力行動を取るか非協力行動を取るかの選択を行います。この場合、それぞれの個人にとっては自動車に乗ったり、電気製品を使用したり、あるいは農地を拡張することが利益につながります。つまり非協力行動を選択する方がそれぞれの個人にとっては有利なわけです。ところが多くの人々が全体のことを考えないで自分の目先の利益だけを考えて行動すれば、結局は全員が地球温暖化という大きなコストを払わなくてはならなくなってしまうでしょう。

公共財問題と「割り勘のジレンマ」

上にあげた環境問題や資源問題は、現代社会では一般に「公共財問題」と呼ばれています。公共財問題は一般に、非協力行動の利益が特定の個人に独り占めされるのに対して、非協力行動がもたらす弊害は集団全体に拡散することから生まれます。

例えば公園や観光地でのゴミ捨ても、公共財問題の一種です。一人がゴミを捨てれば、多くの人々がイヤな思いをします。つまり、ゴミを捨てることによる弊害は多くの人々に拡散されるわけです。ところがゴミを捨てる本人は、ゴミ箱までゴミを持って行く手間を省くことができるわけで、ゴミを捨てることによる利益は本人にだけ占有されます。

あるいは住宅地やアパートなどで、決まった時間に決まった場所にゴミを出さない人々の行動も、公共財問題の一種だと言えるでしょう。

例えば、私たちがよく目にする「割り勘のジレンマ」も、公共財問題の一種です。仲間で一緒に食事をしながらお酒を飲んだりする機会はよくありますが、そういった場合、一人一人が自分で注文した分を個人的に支払うのではなく、最後に割り勘で支払いをするのが一般的でしょう。そうなると高額の料理を注文してもコストが全員に分散され、一人あたりの負担が小さくなるので、皆がつい高額の料理を注文してしまいます。その結果、いざ勘定となると、思ってもいない高額になってしまい、青ざめる人が出てきます。

この他にも私たちの身のまわりには、この種の公共財問題は数え切れないほどあります。思いつくままあげてみただけでも、違法駐車による道路の混雑、アパートなどでの共有部分の管理、学会発表での時間超過、図書館の本を破ったり汚したりすること、信号無視、紙や割り箸などの濫用、アパートやマンションでの騒音等々、枚挙にいとまがありません。

実際、現代の社会問題と言われているものはほとんどが、何らかのかたちで「公共財問題」ないし「社会的ジレンマ問題」の側面を含んでいる、と言っても言い過ぎではないでしょう。社会的ジレンマ問題は結局は個人の利益と全体の利益との葛藤・調和の問題であり、人間社会にとって根本的な問題だからです。

2 どこにでもある社会的ジレンマ

受験戦争を招くジレンマ

これまであげてきた例は、どれを取っても、社会的ジレンマの例としてわかりやすい、誰でもすぐに気がつく例です。いずれの場合にも、皆が自分だけの利益を考えて行動すると、結局は自分たちの首を自分たちで絞めることになるのがはっきり見えています。これに対して、現代社会の様々な社会問題の中には、表面的には社会的ジレンマの問題とは思えない問題もたくさんあります。しかしそういった問題の中にも、よく考えてみると社会的ジレンマの問題であることが見えてくるものがあります。

例えば、受験戦争を考えてみましょう。受験生の目的はもちろんより良い大学に入ることにあります。より良い大学に入るためには、入学試験で他の受験生よりも良い成績を取らなければなりません。そのため受験生たちは塾や予備校に通ったりして一生懸命に受験準備の勉強をします。

一生懸命受験勉強をすることで、一人一人の受験生はそれなりに報われることになります。運もありますが、受験勉強をしっかりすればするほど、より良い大学に受かる可能性が高くなります。

ところが受験生全体を見れば、受験生全体がより多く受験勉強したからといって、より多くの受験生が一流大学に合格できるわけではありません。一流大学に合格できる人数は、受験生全員がどれだけ勉強するかとは関係なく、定員数によってあらかじめ決まっているからです。

例えば受験生の一人であるAさんが、これまで一日三時間していた受験勉強を、高校三年生になって六時間に増やしたとします。三時間のままでいるよりは、六時間受験勉強した方が志望校に合格する確率は増えるでしょう。ところがAさんだけではなく、すべての受験生が勉強時間を二倍にしたとすれば、Aさんが志望校に合格する確率は変わらないでしょう。このことはAさんだけでなく、すべての受験生にあてはまります。

この場合、結局は受験勉強というコストだけ増えて、勉強時間を倍増した見返りは何もなくなってしまいます。以前は三時間の受験勉強ですんでいたところが、皆がより熱心に受験勉強をするようになったおかげで、六時間も受験勉強に費やさなくてはならなくなり、それ以外の楽しみに使う時間や、人格形成に使う時間が少なくなってしまうわけです。

受験勉強に費やす時間がすべて無駄であるというわけではないでしょうが、一人一人の受験生がなるべく少ない勉強時間で志望校に合格したいと思っている、あるいは同じ勉強時間でより良い大学に合格したいと思っているとすれば、受験生にとっては、勉強時間は合格という目的を達成するためのコストと考えることができます。

すべての受験生がより良い大学への合格をめざして受験勉強というコストをより多く支払った結果は、全体としてみれば合格できる人数には変化がなく、ただ全体のコストが増えただけです。皆が他人を出し抜こうとして行動したため、結局は受験のための準備が一層大変になってしまったという、これもまた社会的ジレンマの問題だと言えます。

大学生の学力低下を生み出す、もう一つの受験戦争

さらに、受験生の間ではなく大学の間で戦われている「もう一つの受験戦争」があります。その結果として、最近になって大学生の学力低下が嘆かれるようになっています。なぜでしょう。

大学生の学力低下の問題は一見、社会的ジレンマとは縁がないように思われます。この問題が社会的ジレンマであるためには、まず第一に、それぞれの大学生にとって、学力を低める行動(非協力行動)の方が学力を高める行動(協力行動)よりも、自分にとって有利な結果を生み出すことが言えなくてはならないからです。しかし、低い学力を持つことが高い学力を持つこ

とよりも望ましいと思っている大学生はあまりいないでしょう。

このように、大学生の学力低下を一人一人の大学生との関係で考えると、この問題は社会的ジレンマの問題だとは言えそうにありません。しかし、これを一つ一つの大学との関係で考えると、社会的ジレンマとしての側面が顔をのぞかせてきます。

それぞれの大学にとって、多くの受験生を集めることは重要です。まず第一に、多くの受験生の中から合格者を選ぶことで、学力の高い学生を確保できます。それ以外にも、入学検定料からの収入を大きくするという経営上の利益もあります。そこで最近の受験生数の減少を深刻な事態として受けとめた多くの大学は、受験科目数を減らすことで、何とか受験生の数が減るのを防ごうとしました。

大学が受験科目数を減らすことにしたのは、それが受験生を集めるために有効だからなのですが、大学生の学力低下をもたらした大きな原因の一つは、まさにこの受験科目数の減少にあると考えられます。他の大学が多くの受験科目を課している間は、受験科目を少しだけでも減らした大学に受験生が殺到することになり、その大学は相対的に優秀な学生を選抜することができます。これに対して、他の大学が受験科目を減らしている中で、多くの受験科目を要求している大学の受験生は減少してしまいます。そうなると、入学検定料収入が減少するだけではなく、多くの受験生から入学者を選抜できなくなり、そのため入学者の学力がますます低くなってしまいます。そこで、入学者の学力を少しでも高く保とうとすると、受験科目数を減らさざるをえません。

このようにして、多くの大学が自分の大学の入学者の学力を少しでも高く保とうとしたために、大学生全体の学力が低下するという事態が引き起こされてしまったと考えられます。つまり、それぞれの大学は受験科目数を多く保つという協力行動と、受験科目数を減らすという非協力行動のいずれを取るかの決定に直面しており、そこでは、それぞれの大学にとっては、受験科目数を減らすという非協力行動の方が、自分の大学の学生の学力を高くするという意味で望ましい結果を生み出します。しかし、多くの大学が自分の大学の学生の学力を高く保とうとして受験科目数を減らした結果、大学生全体の学力の低下が生まれてしまったという点で、この問題は社会的ジレンマが生み出した問題だと言えるのです。

食べ尽くされる「大釜の飯」

経済活動や国民の生活を向上させる目的で行われる経済政策や社会政策が、その目的を達成することができず失敗に終ってしまうことはよくありますが、その理由は多くの場合、隠された社会的ジレンマの存在にあります。その典型は、旧ソ連や中国における社会主義経済の失敗です。

例えば、中国の国営企業の能率の悪さを表現するために、「大釜の飯」とか「鉄椀の飯」という言葉があります。日本の役人の場合でも同じですが、国営企業に勤めている人たちの収入は、その企業の業績が良くなったからといって増えるわけでもなく、業績が悪いからといって減るわけでもありません。国家が「大釜」あるいは「鉄椀」の飯、つまり収入を保証してくれているからです。「大釜の飯」とか「鉄椀の飯」というのは、いくら一生懸命働いてもその見返りがあるわけではなく、またいくら怠けてもその報いがあるわけでもないなら、別にあくせく働かなくとも適当に働いているふりをしていればいいじゃないかと考え、皆が怠けるようになることを表現する言葉です。

なるほど一人一人の労働者にとっては、「自分一人だけまじめに働いたところで何も変わらない」というのは事実でしょう。それなら怠けている方がよっぽど「合理的」な行動です。ところが問題はそう考えて怠けるのが「自分一人だけ」ではないという点にあります。多くの労働者が「自分一人だけ」と考えて怠け始めれば、結局は全体の能率が低下し、いつまでたっても国民の生活水準が上がらないままになってしまいます。

今のまま怠け続けることができれば生活水準など向上しなくてもいい、あくせく働いて生活水準をあげるよりは貧乏でものんびりと暮らせる方が良いと皆が思っているなら、皆が「大釜の飯」を食べていても、そこに社会的ジレンマは存在していません。誰もが「貧しくてものんびりしている」という、自分にとって望ましい状態を手に入れているからです。

しかしまじめに働くことにより生活水準が向上するならその方が望ましいと皆が考えているなら、皆が「大釜の飯」を食べている状態は社会的ジレンマとなります。一人一人が怠けることにより、結局は全体としてみれば自分たちの首を絞めることになり、皆が望んでいる状態が得られなくなってしまうからです。

出し抜き競争と「すき焼きの悲劇」

先に示した受験科目数の減少や受験戦争の例は、いずれも、他人を出し抜いてやろうとする行動が、結局は誰にとっても望ましくない結果を生み出してしまうという、出し抜き型の社会的ジレンマの例です。

例えば、何人かですき焼きを食べに行って、肉に十分に火が通るのを待っている間に、まわりの人たちに肉を食べられてしまって悔しい思いをしたことがありませんか。そんなときには、「まだ少し早目かな」と思っても、他の人に食べられる前に箸を出してしまいます。肉を全く食べられないよりは、少し生煮えでもいいから他の人に食べられる前に箸を出してしまうわけです。しかし皆が生煮えの肉に箸を出す結果、誰もが生煮えの肉を食べなくてはならない羽目に陥ってしまいます。

同じような出し抜き型社会的ジレンマは、他にもいろいろ見られます。例えば、ステータス・シンボルの購入もこの意味での社会的ジレンマです。誰もが大衆車に乗っているときには、少し上級の国産車を購入すれば「目立つ」ことができますが、皆が上級車に乗るようになるとより高級で高価なＢＭＷやベンツに乗らなくては「目立つ」ことができなくなり、「目立つ」ためのコストが全体に高くなってしまいます。

また国内産業の保護を目的とした保護貿易政策も、少なくとも短期的には効果を持つかもしれませんが、多くの国が同じような保護主義的経済政策を取るようになれば国際経済が悪化し、世界不況をまねくことにもなりかねません。

このように「出し抜き」をめざす行動は、少数の人々だけがそうしているうちは得をする人がいるわけですが、多くの人々が同じような行動を取るようになれば、結局はより多くのコストを支払うというつけが全員にまわってくるだけということになります。この場合にも、全員にとって望ましくない結果が生まれてしまうわけで、自分で自分の首を絞める社会的ジレンマが起っていることになります。

パニックと「バスに乗り遅れるな」の心理

上にあげた「出し抜き」の例では、他人よりもいい思いをしようとする行動が結局は自分たちの首を絞めることになってしまうわけですが、その逆に「バスに乗り遅れる」のを避けようとする「自己防衛的」な行動が結局は事態を悪化させてしまう場合もあります。いわゆるパニック行動がこれにあたります。

第一次石油ショックのときに日本中がトイレットペーパーや洗剤の買いだめに走った騒ぎを憶えている人は、そろそろ少なくなっているかもしれません。しかし、「平成米騒動」で多くの人々が米の買いだめに走った騒ぎを憶えている人は、まだ多いでしょう。もちろん騒ぎを利用して一儲けを企《たくら》んだ悪徳業者もいたわけですが、買いだめに狂奔《きょうほん》した主婦や一般の人々のほとんどは、別に他人を出し抜いていい目にあいたいと思っていたわけではないでしょう。

このようなパニック行動は、しばしば「予言の自己実現」というかたちを取っています。「予言の自己実現」とは、人々がある予想にもとづいて行動することにより、その予想に対する期待が本当に現実のものとなってしまう場合に用いられる言葉です。

トイレットペーパーが不足しそうだ、洗剤が不足しそうだ、あるいは米が不足しそうだという噂が流れると、まだ間にあううちに買っておこうということになり、スーパーの店先に行列ができます。そうするとそれまで単なる噂だと軽く考えていた人たちも、ひょっとすると本当に品不足になってしまうかもしれないと考え行列に加わることになり、品不足が本当になっていきます。実際には人々が買いだめさえしなければ、トイレットペーパーも洗剤も十分にあったわけなのですが。

このような「予言の自己実現」が発生するためには、全員が噂を信じる必要はありません。噂を信じていない人も、他の人が噂を信じて買いだめを始めれば結局は品不足が起ることを知っているわけで、自分は噂を信じていなくとも他人が信じているかもしれないと思えば、結局は「自己防衛」のために行列に加わらざるをえなくなります。

このような意味で「パニック」の発生には、他人の行動に対する予想ないし期待が非常に重要な意味を持ってきます。またこのような予想ないし期待の重要性は「自己防衛」型の社会的ジレンマに特有なわけではなく、すべての社会的ジレンマにおいて非常に重要な役割を果たしていることが知られています。この点に、つまり他人の行動についての期待が社会的ジレンマにおける人々の行動に対して持つ意味に関しては、第5章で詳しく検討する予定にしています。

現代社会と社会的ジレンマ

ここで、社会的ジレンマの紹介の最後に注意しておきたいことがあります。それは、社会的ジレンマは古くて新しい問題だということです。社会的ジレンマの問題がいかに古い問題かは、社会的ジレンマが人類以外の多くの生物にとっても重要な問題であることからも理解できます。

例えば、鷲や鷹などの猛禽《もうきん》の接近に気づいた鳥が、警戒音を発して群れの仲間に知らせる行動は、社会的ジレンマでの協力行動にあたります。群れの仲間に知らせると目立ってしまい、自分が猛禽に狙われる可能性が大きくなるからです。従って、それぞれの鳥にとっては、猛禽の接近を仲間に知らせないで、群れの中央に逃げ込むなどの非協力行動を取った方が、自分の生存に有利な結果を生むことができます。しかし、皆が非協力行動を取っていると、その群れは猛禽の格好の目標になってしまいます。

このように、自然界は社会的ジレンマの例で満ち溢れていますが、多くの場合、自然界に存在する社会的ジレンマは解決され、お互いが協力しあう関係が生まれています。先にあげた鳥の群れの場合でも、自分だけ助かる非協力行動を取るのではなく、警戒音を発して仲間に知らせるという協力行動が実際には取られています。自然界に存在する社会的ジレンマの多くがうまく解決されているのは、血縁選択などのメカニズムを通して、社会的ジレンマを解決するための行動特性が進化してきたからです。

動物の世界から転じて、人間社会を考えた場合にも、社会的ジレンマの問題は古くから存在していました。例えば原始社会で皆が一緒に狩りをする場合などに、危険な役割を避けて安全な行動しかしない非協力行動を皆が取れば、狩りは失敗して、誰も獲物の分け前にあずかれなくなってしまいます。

このように、社会的ジレンマ問題は現代社会にのみ存在するわけではありませんが、その重要性は、産業化以前の社会にくらべて格段に大きくなっています。社会的ジレンマが以前の社会にくらべ現代社会で特に重要な問題となったのには、少なくとも次の二つの理由が考えられます。

一つは、社会の流動化です。人々が一生の間同じ集団で生活し、生活のすべての面にわたって同じ人々を相手に暮らしている伝統的な社会では、社会的ジレンマは潜在的には存在していても、表面にはあらわれてこないでしょう。掟《おきて》や伝統などのかたちで人々の行動が拘束されていることで、社会的ジレンマがうまく解決されてきたからです。

小さな伝統的な共同体では、田植え、灌漑《かんがい》用水の手入れ、屋根葺《ふ》き、その他の生活の様々な面で、お互いに協力しあわなければ生きていけません。このような共同体で非協力行動を取れば、自分が助けを必要とするときに、十分な援助を他人から受けられなくなるのは明らかです。そうであれば、共同体の中に存在している社会的ジレンマでは協力しておいた方が得です。

またこのような共同体では、協力しておいた方が得なわけですから、他の人々もそう考えて進んで協力するだろうと思うのは当然でしょう。そうなれば当然、他人を信頼することができるようになり、一層協力的な行動を取りやすくなります。

これに対して現代社会では、一人の人間が、家族、会社、学校、友人、サークル等々、いろいろ違った集団に属しています。従って、そのうちの一つの集団で非協力行動を取っても、別の集団にその評判が届いて、生活のすべての面で仲間外れにされてしまうということにはなりません。つまり、非協力行動の評判が、めぐりめぐって自分の首を絞めることになる可能性が小さく、そのため非協力行動を取ることによって得られる直接的な利益の方が、間接的な損害よりも大きくなってしまいます。

それに加えて、流動性の大きな現代社会では、その場かぎりのつきあいも多く、そのようなつきあいでは、「旅の恥はかきすて」的な行動も起りやすいでしょう。第2章で述べるように、もう二度とつきあうことのない相手や集団では、自分が協力的になることによって他人を協力的にするという、「えびで鯛を釣る」行動が意味を持たないからです。

このように、伝統的な共同体では、生活のすべての側面で一生の間同じ人々を相手に暮らしているため、お互いの行動を規制しあう余地が大きく、そのため潜在的に社会的ジレンマが存在していても、それが現実の問題として顕在化する可能性が少なかったわけです。

それと同時に、伝統的な共同体では、人々の生活がすべてお互いにつつぬけで、お互いに監視しあうコストが小さくてすみます。これに対して、「隣は何をする人ぞ」という現代社会では、人々の行動を監視しようとすれば莫大なコストがかかることになり、法律や社会的圧力を使って社会的ジレンマを解決するやりかたも困難になります。

　社会的ジレンマ問題が現代社会でとりわけ重要な問題となっている第二の理由は、社会の人口と生産力の飛躍的増大にあります。

　例えば先に紹介した、「共有地の悲劇」を考えてみましょう。人口の安定している伝統的な村で、自給自足の生活をしているかぎり、共有地に放牧される羊の数が急激に増加することはありません。「共有地の悲劇」が起ったのは、産業革命によって、羊毛に対する需要が急激に増大したからです。あるいは、先進国による援助によって人口の急激な増大が起らなければ、サヘル地域での砂漠化の進行も、今のようなかたちでは起らなかったでしょう。

　つまり、生産力の向上によって人口が増大すると同時に、お互いに迷惑をかけあう「能力」が増大することによって、現代社会における社会的ジレンマ問題が一層重大なものとなったと考えることができるでしょう。よく言われていることですが、生産力の向上をもたらしたハードウェアの進歩に、人々の行動を調整し公共の福祉をもたらすためのソフトウェアの進歩が追いついていないことが、現代社会における社会的ジレンマ問題の顕在化に拍車をかけているのです。

第2章 社会的ジレンマの発生メカニズム

1 実験でわかったこと

けしからん攻撃

さて、第1章では社会的ジレンマのいくつかの例を見てきました。読者の皆さんは、そういった例について読みながら、「けしからん攻撃」を連発していたのではないでしょうか。渋滞を引き起こしたりエネルギーの浪費を生み出したりすることがわかっていながらマイカー通勤をしているやつらはけしからん。環境破壊につながることがわかっていながら、便利だからとか安いからといった理由で環境に負担をかけるような行動を取っている連中はけしからん。観光地でゴミのポイ捨てをする人間はけしからん。けしからん。けしからん。

このような「けしからん攻撃」を繰り返す人たちがたどり着く結論は、「教育がなっとらん」という結論でしょう。学校や家庭での教育が不十分なために人々が自分のことだけを考えるようになり、そのため社会的ジレンマ状況で非協力行動を取るようになる。こういった理解が「けしからん攻撃」の背後にあります。つまり、社会的ジレンマで人々が協力行動を取ろうとしないのは、結局は人々の心がけの問題だという理解です。

筆者自身も、平気でゴミを道に捨てていく人を見たりすると「けしからん」と思います。しかし、社会的ジレンマ問題を人々の心がけの問題だと考えてしまうと、問題の本質が理解されなくなり、結局は有効な解決策を打ち出せないという結果になる可能性があります。

その典型が、社会主義国で国営企業がたどった運命だと言えるでしょう。前の章で紹介した「大釜の飯」とか「鉄椀の飯」という言葉を思い出してください。中国では、こういった言葉に代表される社会的ジレンマ問題を解決するために、徹底的な思想教育を行いました。今の日本ではとても考えられない徹底したやり方で、自分のことだけを考えるのではなく皆のことを考えて、怠けないよう一生懸命働くのが正しい生き方であると、学校でも職場でも教え込みました。しかしその結果、社会的ジレンマ問題が解決され、国営企業が高い生産性をあげるようになったでしょうか。そうならなかったことは、歴史が教えてくれています。

これは、社会的ジレンマの問題を人々の心がけの問題だとする考え方だけでは、この問題に十分に対処できないことを示す良い例だと言えるでしょう。この章では、社会的ジレンマの問題は、人々が心がけを変えて、利己主義的な行動を慎むようになれば解決する問題なのかどうか、といった問題を考えてみます。猫に鈴をつけるためにはねずみたちに説教をしたり、思想教育をすれば十分なのか、という問題です。

この問題を考えるにあたって、ここでまず、筆者が行った社会的ジレンマの実験について紹介することにします。

実験で調べてみよう

筆者は社会的ジレンマについての実験を、これまで何十回も行っていますが、その中に次のような実験があります。

この実験は四人の参加者を一組として行われています。この実験に参加したのは大学生ですが、これらの学生は授業の一環として「強制的に」実験に参加させられたわけではなく、簡単にお金が儲かるアルバイトの一種として実験に参加するように勧誘された学生です。

実験の参加者には、実験に参加する代償として一二〇〇円が一二回に分けて支払われました。それぞれの参加者は一回につき一〇〇円を受け取るわけですが、その一〇〇円のうちのいくらかを他の三人の参加者のために「寄付」することができると知らされます。

一人の参加者の寄付は実験者により二倍に増額され、他の三人の参加者に平等に分配されます。例えば、ある参加者が三〇円を寄付すると、実験者によって二倍の六〇円に増額され、他の三人の参加者に二〇円ずつ分配されます。寄付の額は一〇〇円以内ならいくらでもかまいません。寄付したくなければ、全く寄付をしなくともかまいません。寄付した分は本人に戻ってはきませんが、寄付しないで手元に残しておいた分はそのまま自分のものとなります。

この実験が社会的ジレンマであるのは、四人の参加者の間に、第１章で紹介した社会的ジレンマの定義を満たす、次の関係が存在しているからです。

①それぞれの参加者は一〇〇円のうちのいくらを寄付するかというかたちで、完全な協力行動（一〇〇円を全額寄付する）から完全な非協力行動（全く寄付しない）までの間で、協力の度合いを選択します。

②寄付した金額は戻ってこないのに対し、寄付しないで手元に残しておいた分はそのまま自分のものになるわけですから、協力の度合いが少なければ少ないほど、つまり寄付の金額が少なければ少ないほど、それぞれの参加者にとって自分の利益は大きくなります。

③しかし全員が完全な非協力行動を選択した場合にそれぞれの参加者の得る利益は、全員が協力行動を選択した場合にそれぞれの参加者の得る利益よりも小さくなります。四人全員が全く寄付をしなければ、それぞれの参加者はもともとの一〇〇円をそのまま自分のものとすることができますが、他の参加者の寄付がないのでそれ以上には儲けることができません。この場合には全員が一回につき一〇〇円を手に入れるだけです。これに対して四人全員が一〇〇円を全額寄付すれば、それぞれの参加者はもともとの一〇〇円をすべて手放しますが、他の三人も寄付をしているので、全員が結局二〇〇円ずつ手に入れることになります。

この実験の面白さは、それぞれの参加者がより多くの利益を得るためには、全員が他人の利益になるように行動しなくてはならないという点にあります。つまりこの実験では、自分の利益を大きくするためには、皆が愛他的な行動を取る必要があるわけです。逆にいえば、皆が愛他的な行動を取れば結局はそれぞれが得をすることになります。

さて、読者の皆さんがこの実験に参加したとしたら、一〇〇円のうちのいくらぐらいを他の参加者のために寄付するでしょう。皆さんは、この実験に参加した人たちよりも協力的でしょうか、それとも非協力的でしょうか。

この実験は一九八〇年代の中ごろに、日本とアメリカで行われました。実験の結果、参加者は平均して一〇〇円のうちの四四円を、つまり合計一二〇〇円のうちの五三〇円程度を、他の三人の参加者のために寄付していました。この結果、この実験に参加した人たちは平均して一七三〇円程度を手にしています。全く誰も協力していなければ参加者たちの手取りの平均は一二〇〇円だったはずですから、ある程度協力行動を取ったために、それよりは多くの金額を手にすることができたわけです。しかし、全員が全額を寄付した場合に手にすることができたはずの二四〇〇円よりは、実際に手にした金額は少なくなっています。

えびで鯛を釣ろうとする人

さて、ここで一つの疑問を提出して、それについて考えてみることにします。その疑問とは、自分の利益だけを追求している人間は、このような社会的ジレンマで協力行動を取るだろうか、という疑問です。

この問題に対する解答は、イエスとノーのどちらも可能です。イエスになるかノーになるかは、自分の行動が他人の行動に影響を与えられるかどうかによります。

自分が協力行動を取れば他人も協力行動を取るようになる、あるいは自分が協力行動を取らなければ他人も協力行動を取らなくなるのであれば、自分の利益だけを考えている人間も協力行動を取る可能性があります。他人の行動に全く影響を与えることができないのであれば、自分の利益だけを考える利己主義者は、絶対に協力行動を取らないはずです。

つまり、他人のために協力行動を取れば、それに応じて他人も自分のために協力してくれると考えれば、そして協力行動のコストよりも他人からの見返りの利益の方が大きければ、自分の利益だけを考えている利己主義者であっても、あるいは利己主義者であればあるほど、協力的な行動を取るはずです。そうすることによって他人を協力するように誘い込むことができ、そこから協力のコストよりも大きな利益が得られるからです。

この意味で、「えびで鯛を釣る」ことができるのであれば、そして鯛を釣るために使うえびのコストの方が釣り上げた鯛の価値よりも小さければ、利己主義者は喜んで協力行動を取る、つまり鯛を釣るためにえびを提供するはずです。

ここでは、最終的な自分自身の利益を考えて、表面的には他人のためになる行動をすることを、「えびで鯛の原理」にもとづく行動と呼ぶことにします。

このような「えびで鯛の原理」は、一般にあまり良く思われていません。「えびで鯛の原理」で行動している人は「偽善者」と呼ばれ、軽蔑されることが多くあります。

しかし社会的ジレンマ問題の解決を考えるにあたって、一般に「偽善的」と呼ばれるこのような「えびで鯛の原理」の重要性は、いくら強調してもしすぎることはないと言えるでしょう。人々が「偽善的」な行動を取ることにより、集団全体あるいは社会全体がうまく機能するようになることがあるからです。

本章ではこの点について、いくつかの実験結果の紹介を含めて、少し詳しく説明したいと思います。

囚人のジレンマ

一九七〇年代の後半になって社会的ジレンマ研究がさかんになる以前から、同じような関心にもとづいて「囚人のジレンマ」についての研究がされてきました。この囚人のジレンマについての研究は、一対一の関係にある二人の人間の間のジレンマを扱っており、社会的ジレンマはこの囚人のジレンマを三人以上の集団に拡大したものと言えます。

「囚人のジレンマ」という言葉は、二者間のジレンマの構造を説明するために、重大な犯罪の容疑で逮捕された二人の容疑者（＝囚人）の例を使ったことから、ゲーム理論家の間で広く用いられはじめ、それが今では心理学や社会心理学、あるいは社会学、経済学、政治学などの、社会科学の様々な分野で用いられるようになっています。


まず、囚人のジレンマという言葉のもとになった二人の容疑者の例について説明しましょう。

ある重大な犯罪の容疑者としてAとBの二人が別件逮捕されましたが、警察ではまだ十分な証拠がなく、どうしても容疑者の自白を必要としています。自白がなければ犯行を立証することは難しく、その場合には別件で起訴することになります。従って二人ともシラを切り続ければ、二人とも別件で比較的軽い罰を受けるだけですむでしょう。

そこで取調べにあたった担当検事は二人を別々に尋問し、次のような提案をします。

「お前たちがヤッたことはわかってるんだ。早く吐いちまいなよ。どうだい、ものは相談だが、もしお前の相棒がシラを切り続けている間にお前が自白してくれれば、情状酌量ということでお前は不起訴処分にしてやろうじゃないか。

だけど反対に、もしお前の相棒が自白しちまったのにお前がシラを切り続けるってことになれば、情状を考慮する余地は全くなしってことで、まあ無期懲役は免れないだろうよ。

Bの行動	Aの行動	
	自白しない（協力行動）	自白する（非協力行動）
自白しない（協力行動）	Aの刑期　1年 Bの刑期　1年	Aの刑期　不起訴 Bの刑期　無期
自白する（非協力行動）	Aの刑期　無期 Bの刑期　不起訴	Aの刑期　10年 Bの刑期　10年

表2・1　囚人のジレンマの利得行列の例

二人ともおとなしく自白すれば、二人とも不起訴ってわけにはいかないけど、まあ情状酌量の余地ありってことで、十年ぐらいですむようにしてやろうじゃないか。

もっとも二人ともシラを切り続ければ、残念ながら別件で起訴するよりほかはないだろう。そうなったら二人とも一年ぐらいしかブチ込んでやれないが」

この話はそもそもアメリカでの裁判制度を前提としており、日本では実際に容疑者との間でこのような交渉をするわけにはいかないのですが、アメリカには予審制度というものがあって、捜査に協力することを条件に起訴猶予にすることが実際によくあります。

ともかく、実際に二人の容疑者に対してこのような提案がなされたとします。その場合、この二人の容疑者の間には、第1章で紹介した社会的ジレンマの定義にあてはまる関係が存在しています。

①それぞれの容疑者は自白するかしないかの選択を行います。

この二人にとっては自白しないことが協力行動であり、自白することが非協力行動となります。

②それぞれの容疑者にとっては、相手が自白するかどうかにかかわりなく、自分が自白する（非協力行動を取る）方が自白をしない（協力行動を取る）よりも、より多くの利益を得る（つまりより少ない罰を受ける）ことができます。

例えば相手が自白しない（協力行動を取った）場合を考えてみましょう。この場合、自分が自白すれば不起訴となり、自白しなければ一年の懲役となります。従って自白した方が得なわけです。

これに対して、相手が自白をした（非協力行動を取った）場合はどうでしょう。この場合には、自分が自白すれば十年の刑、自白しなければ無期懲役になり、やっぱり自白した方が得になります。

③しかし二人とも自白した（非協力行動を取った）場合には二人とも十年の刑となるのに対して、二人とも自白しなければ（協力行動を取れば）二人とも一年の刑ですむわけですから、全員協力の場合の利益の方が全員非協力の場合の利益よりも大きくなります。

このように「囚人のジレンマ」においても、社会的ジレンマの場合と同様、それぞれの人間にとっては非協力行動の方が協力行動よりも有利な結果をもたらすと同時に、二人ともが自分に有利な非協力行動を取れば、結局は双方にとって望ましくない結果が生まれます。

この二人の間の関係は、通常、表2・1に示されたかたちで表されています。この表は、それぞれが協力行動と非協力行動のいずれを取るかの組合せに応じて、それぞれが得る結果を示しているわけですが、これらの結果はそれぞれの人間にとっての利益ないし「利得」の大きさを示しているわけですから、この表は通常「利得行列」と呼ばれています。

囚人のジレンマの研究には、利得行列の内容を得点やお金に変えたかたちで行われている実験研究が多くあります。これらの実験研究では、実験参加者に利得行列を見せ、参加者が協力行動ないし非協力行動のいずれを選択するかを調べるというかたちが取られています。

このような囚人のジレンマの実験研究はこれまで数多く行われており、その中でいろいろなことがわかるようになってきました。

囚人のジレンマの実験

囚人のジレンマについてはこれまでゆうに一〇〇〇を超す実験研究がなされていますが、その中でわかったことの一つに、同じ二人の間で同じ利得行列を用いて何度も繰り返して選択を行う場合と、一度きりしか選択を行わない場合とでは、実験参加者の選択行動が異なった原理で行われるということがあります。

一回きりの囚人のジレンマ実験では通常、参加者はあまり協力行動を取りません。これに対して繰り返し行われる囚人のジレンマ実験の場合には、最初のうちは協力行動が低下していく傾向が見られますが、しばらくすると協力行動が再び増加し始め、結局は一回きりの場合よりも協力度が高くなる傾向にあります。

この違いは、先に紹介した「えびで鯛の原理」が働くかどうかによるものだと考えられます。まず一回きりの囚人のジレンマの場合を考えてみましょう。この場合、「えびで鯛の原理」に従えば、どのように行動することになるでしょう？　「えびで鯛の原理」は、自分が協力することで相手からの協力を引き出そうとする原理ですが、二人が同時に一回だけ行動する場合には、自分の行動によって相手に影響を与える可能性は全く存在していません。つまり一回きりの囚人のジレンマでは、自分が協力することで相手からの協力を引き出すという、「えびで鯛の原理」が働く余地が全く存在しないわけです。

このように一回きりの囚人のジレンマでは「えびで鯛の原理」にもとづく協力が成り立たないわけで、従ってそこで協力行動を取る人は、自分の利益以外の動機にもとづいて行動している人だと考えざるをえません。例えば友情にもとづいて相手の利益のみを考える純粋に愛他的な動機とか、こういう場合には協力するのが正しい行動なのだという内面化された社会規範ないし良心にもとづく動機などが考えられます。

実際に実験をしてみると、一回きりの囚人のジレンマ実験でも必ずしも全員が常に非協力行動を取るわけではないことがよくわかります。例えば筆者たちが行った、次のような実験があります。

この実験は一九九〇年代の後半に実施されました。実験の参加者は、まず、実験参加のお礼として五〇〇円をもらいます。実験に参加した人たちが行ったのは、この五〇〇円を、誰かわからないもう一人の参加者に渡すかどうかを決めることです。相手も同じように自分の五〇〇円を参加者に渡すかどうかを決めます。

参加者が自分の五〇〇円を相手に渡すと、相手はその五〇〇円にもう五〇〇円を上乗せした一〇〇〇円を実験者からもらいます。同じように、相手が五〇〇円を渡してくれれば、参加者は一〇〇〇円を実験者からもらいます。

実験はこれで終りです。この実験では、参加者と相手との二人の間に囚人のジレンマの関係が存在しています。それぞれが相手に五〇〇円を渡す行動が協力行動、自分の五〇〇円を相手に渡さないで自分のものにしておく行動が非協力行動です。二人がお互いに自分の五〇〇円ずつを渡しあえば、それぞれ一〇〇〇円を手にすることができます。しかし、それぞれの参加者にとっては自分の五〇〇円を手元に残しておいた方が、相手に渡してしまうよりも稼ぎが大きくなります。例えば相手が協力してくれている場合には、自分の手元に五〇〇円を残しておけば合計で一五〇〇円が手に入り、お互いに協力しあったときの一〇〇〇円よりも多くの金額を手に入れることができます。また相手が五〇〇円を渡してくれていない場合には、自分の五〇〇円を手元に残しておけば、少なくともその五〇〇円だけは手に入れることができます。相手が協力してくれていないのに自分は五〇〇円を相手に渡してしまえば、実験に参加しても一銭も手に入れることができなくなります。

というわけで、相手が協力してくれている場合にもくれていない場合にも、参加者本人にとっては非協力行動を取った方が協力行動を取るよりも有利な結果を生み出します。しかし、だからといって二人とも非協力行動を取ると、結局はお互いに五〇〇円ずつしか手に入れることができなくなります。

この実験では、参加者同士は互いに顔を合わせることがないようになっています。また実験者にも、どの参加者が五〇〇円を相手に渡したのかわからないようになっています。だから相手に非難されるのではないかとか、実験者から非協力的な人間だと思われるのではないかと考えて、そういった理由で協力行動を取る必要はありません。

さて、この実験に参加したとしたら、あなたは五〇〇円を相手に渡すでしょうか、それとも自分のものにしておくでしょうか？

この実験で相手に五〇〇円を渡すという協力行動を取った人たちの比率は、どれくらいあったと思いますか？

ここで、読み進むのを少し休んで、自分だったらどうするだろうか、他の人たちはどうするだろうか、考えてみてください。

この実験の結果では、実験参加者の五六％の人たちが、自分の五〇〇円を相手に渡すという協力的な行動を取っていました。逆に言えば、四四％が五〇〇円を自分のものにしておくという非協力的な行動を取っていたわけです。

この結果は意外だったでしょうか？　それとも「まあ、そんなものか」と思いますか？　これまで囚人のジレンマの実験は世界各国で数多く行われており、実験のやり方によって違いが見られますが、協力行動を選ぶ人たちの比率はおおむね三割から六割の範囲に落ち着いているようです。

安心できれば協力する

さて、この実験は一回きりの囚人のジレンマを使った実験なので、先に述べた「えびで鯛の原理」が働く余地がありませんでした。これに対して同じ相手との間で継続的な囚人のジレンマが存在している場合には、「今回は協力しておいて、次の回で相手にも協力してもらうようにしよう」という「えびで鯛の原理」が働く余地が生まれてきます。

二人の間に継続的な囚人のジレンマ関係が存在している場合には、二人のうちいずれか一方が非協力行動を取り続ければ、たとえもう一方が最初のうちは協力行動を選択していても、そのような一方的な「搾取」関係が長続きするわけがありません。相互協力の必要性を理解し協力行動を取っている人間も、相手がいつまでも非協力行動を取り続ければ、そのうちに腹を立てるかあるいは「自己防衛」の必要上、いずれは非協力行動を取るようになるからです。そうなれば結局は相互非協力の状態が生まれます。

つまり繰り返しのある囚人のジレンマでは一方的な協力は長続きせず、しばらくすると相互非協力の状態が生まれることになります。そうなると相手の親切につけ込んで「搾取」をはかっていた人間も、甘い汁を吸おうとしてもうまくいかないことを知り、結局は自分の非協力行動が相互非協力の状態を生み出すことを理解するようになるでしょう。

この点を理解すれば、そして相手もこの点を理解しているだろうと思えば、自ら進んで協力行動を選択することにより、相互協力状態の達成をめざすようになるはずです。

一九七〇年代の中ごろまでの二十年間に行われた一〇〇〇を超す囚人のジレンマ研究を基にして、ディーン・プルイットとメルビン・キンメルは、繰り返しのある囚人のジレンマで相互協力が生まれるための、次のような条件を明らかにしています。

①まず人々が、相互非協力の現状を改善するためにはお互いに協力しあう必要があることを理

解する必要があります。つまり協力・非協力の選択を行うにあたって、ただやみくもに自分の短期的な利益のみを追求するのではなく、相互協力状態を達成することにより、長期的利益を確保することが必要だと考えるようにならなくてはなりません。

ただし人々がこのように相互協力状態の達成を目標としているからといって、それだけで誰もが協力行動を取るようになるかというと、必ずしもそうではありません。相互協力状態の達成を望んでいても、相手も自分と同じように相互協力状態の達成を望んでいるという確信が持てなければ、自分の一方的な協力行動は相手につけ込む隙を与えるだけではないかという心配があるからです。

従って相互協力を望む人間が進んで協力行動を取るようになるには、相手に対する不信感が拭い去られ、相手も自分と同じように相互協力を望んでおり、自分が協力すれば相手も協力してくれるだろうという、相手に対する信頼感が必要となるわけです。つまり、

②相互協力の達成を目標としている人間が実際に協力行動を取るようになるのは、相手が自分の協力的な行動につけ込まないという、相手に対する信頼感が存在する場合だということになります。

2　インセンティブで読み解く

目には目を

先に述べたように、「えびで鯛の原理」を身につけた利己主義者は、究極的には自分の利益を追求しますが、他人と協力しあった方が自分勝手に行動するよりも有利な場合には他人との間に相互協力関係を築こうと努力する、いわば「かしこい」利己主義者です。これに対して「おろかな」利己主義者とは、目先の利益に目がくらんで、他人との間に協力関係を維持することで得られる長期的な利益を見過ごしてしまう人たちです。

「おろかな」利己主義者たちは、いくら囚人のジレンマが継続的に存在している場合でも、相互協力関係を作り出すことができません。「かしこい」利己主義者たちは、相互協力関係を作り出し維持することで長期的な利益が十分に見込める場合には、一方的に非協力行動を取ることで目先の利益を追求するのではなく、相互協力関係を作り出すことで長期的な利益を追求します。

Bの行動	Aの行動 自分の500円を相手に渡す（協力行動）	渡さない（非協力行動）
自分の500円を相手に渡す（協力行動）	Aの利益　1000円 Bの利益　1000円	Aの利益　1500円 Bの利益　0円
渡さない（非協力行動）	Aの利益　0円 Bの利益　1500円	Aの利益　500円 Bの利益　500円

表2・2　囚人のジレンマの実験で用いられた利得行列

ただそのためには、相互協力関係を作り出すための自分の努力が、他人によって利用されてその結果自分だけが馬鹿を見る結果にならないという保証が必要です。そのような保証は、まわりの人たちが信頼できる場合には存在しています。プルイットとキンメルの説は、この点を指摘しています。

それでは、信頼できない人間を相手にしている場合には、「かしこい」利己主義者であっても、その相手との間に相互協力関係を生み出すことはできないのでしょうか？　そうとはかぎりません。

お互いに信頼できない人間の間で相互協力が達成される場合として最もよく知られているのは、少なくとも一方が「応報戦略」を用いる場合です。応報戦略とは、前回に相手の取った行動を次の回に自分が用いるというやり方（つまり戦略）です。例えば前回に相手が非協力行動を取った場合には次の回には自分も非協力行動を取り、前回に相手が協力行動を取れば次の回には自分も協力行動を取ります。

お互いに望ましい相互協力

囚人のジレンマで一方がこのような応報戦略を採用した場合にどうなるかを見るために、表2・2に示された利得行列を使った繰り返しのある囚人のジレンマを考えてみることにしましょう。この表は、先に紹介した五〇〇円を相手に渡すかどうかを決めるという囚人のジレンマの内容を、通常の「利得行列」のかたちに書きなおしたものです。

先に紹介した実験は一回きりの囚人のジレンマの実験でした。二人の実験参加者であるAさんとBさんは、自分に与えられた五〇〇円を相手に渡すかどうかの決定を一回だけ行います。そしてその結果得られる金額をもらって帰ります。

それではAさんとBさんとの間にこの囚人のジレンマの関係が継続的に存在しているとしたら、一体何が起るでしょう。五〇〇円を相手に渡すかどうかの決定を、AさんとBさんは何度も何度も繰り返し行います。

この実験に参加した二人のうち、Aさんは近視眼的で「おろかな」利己主義者で、いつも目先の利益に目がくらんでしまう人だとします。このAさんは、毎回、その場での利益に目がくらんでしまって、いつも五〇〇円を相手に渡さない非協力行動を取ります。

これに対してBさんは「かしこい」利己主義者で、相互協力の達成をめざして応報戦略を採用しているとします。ということは、「おろかな」利己主義者であるAさんが非協力行動を取っているかぎり、応報戦略を採用しているBさんも非協力行動を取るわけです。これに対して、Aさんが協力行動を取ればBさんも協力行動を取ります。

その結果、AさんもBさんも協力行動を取りあっている状態（表2・2の左上のマス）か、それとも二人とも非協力行動を取りあっている状態（表2・2の右下のマス）しか起らなくなり、右上のマスと左下のマスは存在していないのと同じことになります。

つまりAさんにとっては、自分が非協力行動を取ればBさんも非協力行動を取って五〇〇円が手に入るという結果と、自分が協力行動を取ればBさんも協力行動を取って一〇〇〇円の利益が得られるという結果の、二つの結果の間の選択しか現実問題として存在しないわけです。そうなれば、自分の利益を追求するAさんは当然、五〇〇円よりも一〇〇〇円の収入を生み出す行動、つまり協力行動を取ることになるでしょう。

このように、Bさんの応報戦略に応じてAさんが協力行動を取れば、結局はBさんの望んでいた相互協力状態が達成されます。

Bさんはこのような応報戦略を採用するにあたり、Aさんを信頼する必要はありません。Aさんが協力してくれなければ自分も協力をやめるわけで、一方的に相手につけ込まれて自分だけ馬鹿を見ることにはならないからです。

繰り返しのある囚人のジレンマで相互協力を達成するにあたっての応報戦略の有効性は、これまで数多くの実験で確かめられています。これらの実験では、二人の実験参加者のうちの一人が実際にはサクラであるというかたちが取られており、このサクラは実験者によりあらかじめ決められたルールに従って行動を決めます。

例えばあるサクラは相手、つまり実際の実験参加者の選択にかかわりなく常に協力行動を取ります。また別のサクラは応報戦略を採用し、相手が協力したときには協力するが、相手が非協力行動を取ったときには自分も非協力行動を取ります。

こういった実験の結果から、サクラが応報戦略を用いると実際の実験参加者が協力行動を取るようになり、二人の間で相互協力が成立することが明らかにされています。これに対してサクラが常に協力行動を取り続けている場合には、かなりの数の実験参加者がサクラの一方的な協力行動につけ込んで、非協力行動を取るようになってしまいます。

つまり相手に対して親切にしているだけでは、結局は相手をのさばらせるだけで終ってしまうわけです。お互いにとって望ましい相互協力状態を達成するためには、「やさしいだけではダメ」で、協力行動を取ることが結局は自分のためになることを相手に理解させる必要があり、そのためには上に述べた応報戦略が有効なことが、このような実験によって確かめられています。

ゲーム理論家の闘い

先に紹介したように、これまでの囚人のジレンマについての実験研究の成果から、継続性のある囚人のジレンマ関係では、「かしこい」利己主義者は応報戦略を採用して、相手との間に相互協力関係を作り出すことが明らかにされました。

しかし応報戦略は、利己主義者にとって本当に「かしこい」やりかたなのでしょうか？　もっと巧妙な戦略があって、そういった戦略を採用している相手に裏をかかれてしまうのではないでしょうか？　あるいは、相手の裏をかいたりするもっと巧妙なやりかたをすれば、長期的に見ても、応報戦略を使っているよりも大きな利益が得られるのではないでしょうか？

このような疑問に答え、継続性のある囚人のジレンマではどのようにふるまうのが最も有利なのかを調べるために、ロバート・アクセルロッドは、一九八〇年代の中頃に次のような研究を行いました。

この研究を始めるにあたってアクセルロッドは、世界中の有名なゲーム理論家に手紙を出し、囚人のジレンマでの戦略のトーナメントに参加するように誘いました。ゲーム理論家というのは、何人かの人間の間に特定の関係が存在する場合――囚人のジレンマや社会的ジレンマはそのような関係の一つですが――どのような戦略を人々が取るとどのような結果が生まれるかを、主として数学的に研究している人々です。

このアクセルロッドの誘いに応じて、一四人の著名なゲーム理論家が戦略トーナメントに参加しました。これらの一四人はいずれも名の知れたゲーム理論家で、どのような戦略を用いれば囚人のジレンマで良い結果を得られるかについて、普通の人々よりはずっとよくわかっているはずの人々です。

戦略トーナメントに参加することに同意した一四人のゲーム理論家は、それぞれ自分が最良と思う戦略をコンピュータのプログラムにしてアクセルロッドに送りました。これらの戦略プログラムの中には、前回での相手の選択をそのまま繰り返す単純な応報戦略から、相手の様子をじっくり観察して、相手が自分の選択に反応する様子を見せないときには非協力行動を取り続け、相手が反応するようなら自分も協力行動を取るといった複雑な戦略まで、様々なやりかたが含まれていました。

アクセルロッドはこうして彼のもとに送られてきた一四の戦略プログラムに、でたらめに協力行動と非協力行動を取る「ランダム戦略」を加えた一五の戦略のすべての組合せを使って、囚人のジレンマのコンピュータ・シミュレーションを行いました。それぞれの戦略は、自分自身を含めた一五の戦略のそれぞれを相手に、二〇〇回の繰り返しのある囚人のジレンマを行い、その一五回のシミュレーションの合計得点を競いあったわけです。

ここで読者の皆さんにお願いがあります。六〇頁で紹介した囚人のジレンマの利得行列を、もう一度眺めてみてください。自分がAになったつもりで、いろいろな相手とこの表にもとづいて囚人のジレンマを何回も繰り返すとしたら、どのようにすれば最も自分の利益が大きくなるか考えてみてください。ただし、囚人のジレンマが何回繰り返されるかはわからないものとします。

単純さの勝利

相手の戦略、つまり相手が取るやり方がわかっていれば、自分がどうすれば最も大きな利益をあげられるか考えるのは簡単です。例えば相手が常に協力行動を取ってくれれば、自分はいつも非協力行動を取るという戦略が一番有利なやり方です。この場合には、いつも最高の一五〇〇円を手に入れることができます。また相手が常に非協力行動を取る場合や、相手がランダムに選択を変える場合にも、いつも非協力行動を取る戦略が一番有利です。

しかし、相手が応報戦略を採用している場合には、いつも非協力行動を取っていれば、毎回五〇〇円しか手に入れられなくなってしまいます。この場合には、別の戦略を取った方が有利でしょう。

ゲーム理論家たちが提出した戦略の中には、しばらくの間は相手の様子を見て、相手がどのような戦略を取っているかを見極めたうえで自分の取る手を決めるという、非常に高度で複雑な戦略も含まれていました。

しかし実際には、この戦略トーナメントの結果は、最も単純なプログラムである応報戦略が最も良い成績をおさめるというものでした。応報戦略以外にも、自分から進んで非協力行動を取らない「好ましい」戦略は概して良い成績をおさめ、逆に相手の協力行動につけ込むことをめざした「きたない」戦略はあまり良い成績をおさめることができませんでした。

アクセルロッドはその後、この結果をパソコン関係のいくつかの雑誌に公表して、第二回目のトーナメントへの参加者を一般公募しました。この第二回トーナメントには、六カ国から六二名が参加し、数多くの戦略がその優秀性を競いあうことになりましたが、その結果は第一回トーナメントとほとんど同じで、自分から進んで非協力行動を取らない「好ましい」戦略が、相手につけ込むことをめざした「きたない」戦略よりも概して良い成績をおさめ、また一番単純な応報戦略が再び優勝しています。

アクセルロッドによる戦略トーナメントのこの結果は、相互協力状態を達成することにより長期的な自己利益の追求をはかる、応報戦略の有効性を示すものであると言えます。相手につけ込むことをめざした「きたない」戦略は、何人かの相手に対しては大きな利益をあげることができましたが、それ以外の戦略と対戦した場合には相互非協力の泥沼に陥り、結局は全体の平均点が低くなってしまったのです。これに対して応報戦略は、誰かを相手に非常に高い得点をあげることはありませんでしたが、平均して得点をあげ続け、結局平均点では一番となりました。

この結果わかったことは、継続的な囚人のジレンマに直面した利己主義者にとって、応報戦略以上に「かしこい」やり方は存在しないということです。その後の研究で、場合によっては応報戦略よりも良い成績をあげる戦略があることがわかりましたが、それでも、応報戦略の「かしこさ」については異論は出ていません。

結果を紹介する前にあなたが思いついたやり方は、応報戦略だったでしょうか？　それ以外のやり方を思いついた人は、そのやり方が応報戦略ほどうまいやり方ではないことを理解しておいた方がいいでしょう。

淘汰と生き残り

アクセルロッドによる前述のシミュレーションの結果は、いろいろな人と継続的な囚人のジレンマ関係におかれている場合には、応報戦略を用いるのが最もかしこいやり方だということを示しています。

しかし、応報戦略を用いるのがかしこいやり方であるからといって、皆が自然に応報戦略を用いるようになるでしょうか？　アクセルロッドはこの問いに答えるために、もう一度、次のようなシミュレーションを行いました。このシミュレーションは、集団の中での戦略の進化に関するものです。

いろいろな戦略を採用している人々がいる、一つの集団を考えてみてください。この中には、応報戦略を採用している人々もいれば、絶対に協力しないという戦略を採用している人々もいます。また、どんな場合にも協力するという聖人のような人もいるとします。これらの人々は、お互いに囚人のジレンマの関係で結ばれています。

このような集団で人々が、他人を相手に何度も囚人のジレンマを経験していくと、それぞれの得る利益に差が生まれてきます。つまり、ある戦略を用いている人々のあげる利益は、別の戦略を採用している人々の利益よりも大きくなったり小さくなったりするわけです。

アクセルロッドの新しいシミュレーションでは、このように様々な相手と何度も囚人のジレンマを経験していく中で、得点の低い戦略は次第に「淘汰《とうた》」され、消え去っていき、得点の高い戦略が「子孫を増やし」、増加するようになっています。このシミュレーションにおける「進化」の過程は、低い得点しかあげられない戦略の持ち主が、次第にその戦略を捨て、高い得点をあげている戦略を採用するようになるというかたちの、「模倣」の過程を表していると考えることもできます。

最初のシミュレーションの結果からも予想できるように、このシミュレーションにおいても応報戦略が相対的に良い得点をあげ、次第に他の戦略に変わって勢力を広げていくという結果になりました。はじめは人々がいろいろな戦略を採用していても、時間が経つにつれ全員が応報戦略を採用するようになったわけです。

もちろん他の全員が「どんな場合にも絶対に協力しない」という戦略を採用している集団では、応報戦略といえどその勢力を広げることはできません。しかしこのような集団でも、応報戦略を採用している「人間」がほんの数人まとまって「侵入」すれば、いずれは全員が応報戦略を採用するようになります。つまり応報戦略は、数人の仲間がいれば、大抵の集団に「侵入」して勢力を拡大することができるわけです。

また全員が応報戦略を採用している集団には、他の戦略がある程度の数まとまって「侵入」しても、その戦略はすぐに「淘汰」されてしまい、勢力を拡大することができないことも、このシミュレーションで明らかにされています。

このように、応報戦略は他の戦略にくらべ良い成績をあげることができるだけではなく、大抵の集団で次第にその勢力を拡大していくこと、また応報戦略がある程度の勢力を持つようになると、他の戦略の「侵入」を許さず、安定した状態が続くようになることが、このシミュレーション研究によって明らかにされています。

要するに、人々がいろいろな相手との間で継続的な囚人のジレンマ関係にある状況では、「えびで鯛の原理」にもとづく応報戦略によって、利己主義者たちの間でさえ安定した相互協力状態が生まれることを、アクセルロッドのシミュレーションは示しているのです。

インセンティブと動機づけ

社会的ジレンマの研究は、アクセルロッドによる応報戦略の有効性についての研究が出された時点で、ほぼやりつくされたのではないかと考えられていました。囚人のジレンマや社会的ジレンマを解決するためには、人々が自分の利益を「正しく」追求する、つまり長期的に見て自分の利益をあげるためには自分勝手にふるまうのではなく、相手が協力的にふるまうように誘導するやりかたが効果的だという結論に到達したからです。

この結論は、お互いの利益が相手の行動に依存しあっている状況――囚人のジレンマや社会的ジレンマはそのような状況の典型的な例です――で、「合理的」な人間（つまり「かしこい」利己主義者）が自分にとって最良の行動を取りあうと何が起るかを分析する、ゲーム理論にもとづいて導き出された結論でもあります。

筆者が十年前の一九九〇年に『社会的ジレンマのしくみ――「自分１人ぐらいの心理」の招くもの』（サイエンス社）で下した結論も、「利己主義を徹底させると愛他的行動に行き着く」

という結論でした。

　この点を筆者は前書で、「利他的利己主義」という言葉を使って説明しました。自分が協力的に行動することにより他人を協力に導くことができれば、そして長期的に見て自分が協力的に行動することのコストよりも他人を協力に誘い込むことにより得られる利益の方が大きければ、「徹底した利己主義者」は進んで協力的な行動を取るでしょう。逆に、自分にとって何が本当の利益になるか十分に理解できていない「中途半端な利己主義者」、あるいは近視眼的で「おろかな利己主義者」は、このような場合にも目先の利益に目がくらんで、自分にとって本当に利益になる協力行動を取らないことになります。

　この「利他的利己主義」の原理にもとづいて、前書で筆者が提案した社会的ジレンマの解決法は、人々が利己主義的に行動すると、人々がお互いに他人の利益になる行動を取るような「しくみ」を導入するという方法です。このことを筆者は前書で、インセンティブ・コンパティビリティー（適合性）という言葉を使って説明しました。ここで簡単に、この言葉について説明しておきましょう。

　インセンティブというのは、人間を取り巻く環境の中にあって、人間に一定の行動を取らせるように「誘い込む」ように働く要因です。人間を一定の方向に動かす要因を考えるにあたって、心理学者は「動機づけ」という概念を使いますが、同じ目的で、経済学者はインセンティブという概念を使います。インセンティブという言葉は通常は「誘因」と訳されていますが、この言葉は他の概念と混同されて誤解を生む可能性があるので、ここでは英語のインセンティブという言葉をそのまま使うことにします。

人間を一定の方向に突き動かす力という点では「動機」もインセンティブも同じですが、その力を人間の心の中にあるものとして考えるか、それとも環境の中にあるものとして考えるかという点で、この二つの間には大きな違いがあります。人間を突き動かす力が人間の中にあると考える視点からは、その力は「動機づけ」ないしモティベーションと呼ばれます。これに対して、人間を突き動かす――というよりは、ある行動を取るように引っ張り込む――要因が環境の中にあると考える視点からは、その要因はインセンティブと呼ばれます。同じ行動でも、説明原理ないし視点の違いによって、インセンティブによって説明することも、動機づけによって説明することもできるわけです。

例えば、親に誉めてもらいたい一心で一生懸命努力している子供にとっては、親の誉め言葉がインセンティブです。喉の渇いた人にとっては、ケーキではなく水がインセンティブになります――つまり、その人はケーキではなく水を求める行動を取るでしょう。喉の渇いた人にとっては、水は環境の中にあって、環境の側からその人の行動を引っ張り出している要因なのです。

これに対して、同じ人の行動を、親からの愛情を求める動機づけにもとづく行動、渇きをいやす動機づけにもとづく行動と呼ぶこともできます。

社会的ジレンマの研究者の中にも、社会的ジレンマに直面した人々の行動を動機づけの側面から理解しようとする人たちと、インセンティブの側面から理解しようとする人たちとがいます。動機づけの側面から理解しようとする人たちは、社会的ジレンマ場面で他人と協力しようとする動機づけの高い人と低い人との間に、一体どんな違いがあるのかという点に関心を持っています。この違いについては、次の第3章で紹介します。

これに対して、「えびで鯛の原理」にもとづく社会的ジレンマの解決を重視する人たちは、多くの場合、インセンティブという側面から社会的ジレンマの問題を考えている人たちです。第1章で紹介した社会的ジレンマの定義を言いかえると、社会的ジレンマというのは、協力行動ではなく非協力行動を取ることに対するインセンティブが存在している状況です。しかし長期的な観点から見なおすと、相互協力関係を確立することに対するインセンティブが存在する場合があります。それが、「えびで鯛の原理」による社会的ジレンマの解決が可能な場合だと言えます。

インセンティブ適合性

人間の心の中にある動機づけではなく、環境の中にあるインセンティブが社会的ジレンマでの人々の行動を引き出しているとする観点からすれば、社会的ジレンマで人々が協力行動を取るか非協力行動を取るかは、心の問題というよりは、環境の性質の問題ということになります。

特に、一九八〇年代の終りまでに社会的ジレンマ研究が到達した「えびで鯛の原理」から見れば、人間の行動を心の性質に戻して考える、性善説と性悪説との区別はほとんど意味のないものとなります。人々は利己主義的だという性悪説の前提から出発しても、他人のためになる行動をするという性善説的な行動を説明できるからです。

この観点からすれば、「人間の本性」として説明されてきた利己的な行動と愛他的な行動の差は、人間関係ないし社会構造の差として説明することができます。つまりある特定の関係のもとでは、利己主義は他人を傷つけるような行動としてあらわれ、また別の関係のもとでは他人の役に立つ行動としてあらわれることになるからです。

例えば男と女の間のラブメイキングの関係を考えてみましょう。セックスから快楽を得るためには、相手を歓ばせることが必要です。何の反応もしない相手とするセックスほどつまらないものはないでしょう。従って自分の快楽しか念頭にない自己中心的な快楽主義者でさえ、いやむしろそのような自己中心的な快楽主義者であればあるほど、必死で相手を歓ばせようとするわけです。

このように、それぞれの人間がインセンティブに引っ張られて取る行動が、同時に他人の利益を増すことになるような関係は、「インセンティブ適合性」の高い関係、つまりお互いのインセンティブ間の適合度の高い関係と呼ばれています。

従って何らかの方法により、人間関係ないし社会関係のインセンティブ適合性を高めることができれば、インセンティブを追求する人々の自発的なエネルギーを、お互いの、あるいは社会全体の利益を高める方向に振り向けることができることになります。この章で説明した「えびで鯛の原理」がうまく働く状況とは、インセンティブ適合性が高い状況――それぞれが自分の利益に引っ張られて行動するとお互いに相手の利益を高めあう状況――です。

進化心理学の視点

しかし、「かしこい」利己主義を徹底させることによる社会的ジレンマの解決には、大きな限界があります。この限界を示す面白い例をここで紹介しましょう。

これは、ジョルジオ・コリセリ、ケビン・マッケーブ、バーノン・スミスという三人の実験経済学者が行った実験の例です。この実験では囚人のジレンマではなく信頼ゲームという別のジレンマが用いられましたが、ここではこの違いについては触れないでおきます。ここでの議論にとって重要な違いではないからです。

この実験には、ゲーム理論についてすでに専門的な知識を持っている経済学の若手教官たちと、普通の学生たちが参加しました。ここで重要なのは、経済学の大学教授はこの信頼ゲームでどう行動するのが「合理的」なのかをよく理解していて、実際にそのとおりに「合理的に」行動したということです。それに対して普通の学生たちは、どう行動するのが合理的なのかを十分に理解していないため、直感的に行動しました。その結果、自分の利益を徹底的に追求し、「合理的に」行動した経済学教授たちの獲得した利益は、直感的に行動した普通の学生たちが得た利益を大幅に下回ってしまったのです。

この実験の結果が意味することは次のことです。普通の人々は合理的にではなく直感的に行動することで、実は社会的ジレンマ問題を解決し、「かしこい」（経済学教授たちはとても「かしこい」人たちです）利己主義者よりも大きな利益をあげることができたということです。つまり、私たちの「直感的な」判断の中には、社会的ジレンマ問題を解決する方向で私たちを行動させる「かしこさ」が組み込まれている、そしてその「かしこさ」は、経済学者の「かしこさ」よりも社会的ジレンマ問題の解決にとって有効だ、ということです。

社会的ジレンマの研究は、一九九〇年代に入って大きな転換を迎えました。そしてその転換は、私たちの「非合理的な」あるいは「直感的な」判断や行動の中に隠されている、社会的ジレンマ問題解決のための「かしこさ」に目を向ける、進化論的ないし適応論的な視点の導入によってもたらされました。人間の心は社会的ジレンマ問題を解決するために進化してきたのだと、進化心理学者は考えています。私たち人間の心には、社会的ジレンマを解決するための「自動的な」働きが埋め込まれているという主張です。

進化心理学的な考え方は、社会的ジレンマについてのアプローチを大きく転換させたと同時に、人間についての考え方一般に対しても大きなインパクトを与えています。一九九〇年に社会的ジレンマについての本を書いてまだ十年しか経っていないのに新しい本を書こうと筆者が思い立ったのは、実はこの主張が、社会的ジレンマの問題を考えるにあたって、あるいはもっと一般的にこれからの社会や教育のあり方を考えるにあたって、とても大きな意味を持っていると考えたからなのです。

第3章 不信のジレンマと安心の保証

1　信頼する人しない人

観光地の食堂

この章では、「えびで鯛の原理」による囚人のジレンマや社会的ジレンマの解決が困難な場合について考えてみます。

「えびで鯛の原理」というのは、いま相手に親切にしておいて、後になってその見返りをもらおうという、長期的な利益の確保をめざす行動原理です。そこですぐに問題となるのは、将来も同じ相手との関係が継続するあてがない場合です。そのような場合には、相手からの見返りが期待できないため、「かしこい」利己主義者といえども、非協力行動を取ることになってしまいます。

この限界は、一見《いちげん》の観光客ばかりを相手にしているレストランと、地元のなじみ客を相手にしているレストランで出す食べ物をくらべてみればよくわかります。一見の客が相手であれば、ひどい食べ物を出して客に不満な思いをさせても、店のオーナーは何も困りません。おいしい食べ物を出したところで、またお客として戻ってきてくれるわけではないからです。しかし地元の客を相手に商売をするとなるとそうはいきません。まずい料理を出し続ければ、そのうちに誰もお客が来なくなってしまうからです。逆に言えば、地元の客を相手にしているレストランでは、利益をあげるためにはおいしい料理を適切な値段で提供して、一度食べたお客に何度も足を運んでもらう必要があります。

というわけで、レストランのオーナーが「えびで鯛の原理」で行動する「かしこい」利己主義者であれば、なじみの客はおいしい料理という利益を享受することができます。一見の観光客は、この利益にあずかることができません。

人が増えるとダメになる

「えびで鯛の原理」のもう一つの限界は、二人の間の囚人のジレンマから一歩外に出て、三人以上の集団における社会的ジレンマを扱うことになると、はっきりとあらわれてきます。その理由は、一つには、一人一人の行動の結果が多くの人数の間で薄められて、他の人たちにインパクトを持たなくなるからです。例えば一〇〇〇人の集団での社会的ジレンマで、ある一人の人間が集団応報戦略を採用しているとします。この人は、他の人たちがある水準以上に協力している場合には協力し、それ以下の場合には非協力行動を取ります。

しかし、この人が行動を変化させたからといって、そのことに気づいたり、そのことを気にする人はほとんどいないでしょう。この人の行動は、全体での協力率に対して〇・一%の影響しか与えないからです。

ということは、この人が集団応報戦略に従って行動しても、他の人を協力行動へと誘い込むことができません。一人の人間の行動が他の人たちに対してほとんど何のインパクトも持たないため、「えびで鯛を釣る」ことができません。このように、大きな集団での社会的ジレンマでは、「えびで鯛の原理」が働く余地がほとんどありません。

これに対して、数人程度の比較的小さな集団では、一人一人の人間の行動は他の人たちに対してある程度のインパクトを持っています。従って、行動のインパクトが薄められてしまうという問題はありません。

しかし、その場合にも、別の問題が生まれてしまいます。集団応報戦略に従った行動が非協力の悪循環をまねくという問題です。これが、応報戦略が三人以上の社会的ジレンマではうまく機能しない第二の理由です。例えばAさんが非協力行動を取っていることに腹を立てて、それまで協力行動を取っていたBさんが非協力行動を取ることにしたとします。Bさんが非協力行動を取れば、別のCさんにとっては、非協力行動を取る人の数がもう一人増えたことになってしまいます。Aさん一人が非協力行動を取っていたときには我慢できたCさんも、非協力行動を取る人数がもう一人増えたことで我慢できなくなり、非協力行動に転じるかもしれません。

このように、三人以上の社会的ジレンマでは、非協力者に対する対応としての非協力行動が、別の協力者に対しては非協力者の増大として解釈されてしまうため、応報戦略を取ることで非協力者がますます増加するという、悪循環をまねいてしまう可能性があります。

人を信頼する人しない人

第2章では、プルイットとキンメルの研究を紹介しながら、囚人のジレンマや社会的ジレンマで人々が協力行動を取るようになるためには、相互協力の必要性を認識するだけでは不十分で、他の人たちも相互協力の必要性を認識し、協力的に行動してくれるだろうという期待が必要だということを説明しました。ということは、他人が信頼できると思うかどうかが、社会的ジレンマで協力行動を取るかどうかを決めるにあたって、非常に重要な意味を持ってくるわけです。

このことは、「えびで鯛の原理」がうまく働かない状況——三人以上の社会的ジレンマ——で特に重要です。例えば応報戦略を用いることで相手の行動をコントロールすることができるのであれば、相手が信頼できるかどうかを気にする必要がありません。逆に言えば、相手が、あるいは他の人たちが信頼できるかどうかを気にする必要があるのは、他の人たちの行動をコントロールできない状況においてです。

ここでは、この点について少し詳しく見てみましょう。そのためにまず、これまでの社会的ジレンマ研究で明らかにされた、一つの重要な知見について紹介することにします。協力的な人間と非協力的な人間の違いについての知見です。

これまでの社会的ジレンマの研究では、社会的ジレンマに直面して協力的にふるまいやすい人と非協力的にふるまいやすい人との間にいろいろな違いがあることが明らかにされていますが、他人を信頼できると思うかどうかが、協力者と非協力者とを分ける最も重要な違いの一つであるとされています。

もちろん多くの人々は必ずしもいつも協力的あるいは非協力的な行動を取り続けるわけではなく、協力的な行動を取る場合もあれば非協力的な行動を取る場合もあります。だから一人一人の人間を「協力的」とか「非協力的」とか一概に決めつけることは難しいわけですが、以下の議論では大雑把に協力的な人間と非協力的な人間とを区別することにします。ここで言う協力的な人間とは協力的な行動を取ることの比較的多い人間、非協力的な人間とは非協力的な行動を取ることの比較的多い人間、という程度に理解しておいてください。

ハロルド・ケリーとアンソニー・スタヘルスキーの二人による研究をはじめ、これまでの研究では、協力的な人間と非協力的な人間との間には、たんに社会的ジレンマ状況で協力的な行動を取りやすいかどうかだけではなく、その他のいろいろな側面でかなり違った傾向があることが明らかにされています。

協力的な人間と非協力的な人間との間のこのような違いの中で最も目立つのは、他人がどのような行動を取るかに対する予想ないし期待が違っているという点です。

まず非協力的な人々の場合には、自分自身で非協力的な行動を取りやすいわけですが、それと同時に、他人も同じように非協力的な行動を取りやすいだろうと考える傾向があります。つまり非協力的な行動を取りやすい人々は、どうせ他の人間も自分のことだけ考えている利己主義者たちだとかたくなに思い込んでいます。

これに対して協力的な人々は、人は様々だと考える柔軟性を持ち合わせている傾向が見られます。つまり協力的な人々は、世の中には協力的な人々もいれば非協力的な人々もいるのだと考えているわけです。

従って協力的な人間は、相手によって自分の行動を変えることになります。相手が協力的な場合には自分も協力的に行動し、相手が非協力的だとわかれば自分も非協力的な行動を取るとか、応報戦略を採用するとかして、非協力的な相手に一方的に搾取されないようにしようとするわけです。

つまり協力的な人間はどんな場合でも、どんな相手に対しても協力的に行動するというわけではなく、自分が協力しても大丈夫だと思う相手に対してだけ協力するわけです。

これに対して非協力的な人間は、相手が実際に協力的な行動を取っていても、非協力的な行動を取っていても、いずれの場合にも非協力的な行動を取り続けます。その理由の一つは、現在は協力的な行動を取っている相手も本心では非協力的な傾向を持っていて、従って心を許して協力的な行動を取れば裏をかかれてしまうのではないかという不安を持っているからです。

また、非協力的な人間が協力的な相手に対しても非協力的な行動を取り続けるのには、次に述べるようなもう一つの原因があることも知られています。

善人は腰抜けか?

これまで、協力的な人間と非協力的な人間との間には、他人を協力的だと思うかどうかに違いのあることを述べてきましたが、これらの二種類の人間の間にはもう一つの違いのあることも、ウィム・リーブランドやデービッド・メシックたちを中心として行われてきた一連の研究で明らかにされています。

その違いとは、他人が取る協力行動の理由についての予想ないし推測が違っているということです。

一般に人々が他人について持っている印象は、評価・力・活動の三つの主要な要素に分けられることが、チャールズ・オスグッドの提唱した「意味分離法」を使った研究から知られています。この研究によれば、ある人が良い人か悪い人か（評価）、強い人か弱い人か（力）、活動的な人か不活発な人か（活動）の三つの点で、その人についての印象が決まってくるとされています。

リーブランドやメシックたちが明らかにしたのは、他人について考えるにあたってこの三つの要素のどれに重点を置くかが、協力的な人間と非協力的な人間とでは違うということです。

相手が協力的な行動を取った場合、自分自身協力的な人間は評価の次元、つまりその人間が良い人間であるか悪い人間であるかという点から判断し、相手が協力的な行動を取ったのはその人が良い人だから、つまり道徳的にすぐれた人だからだと考える傾向が見られます。

これに対して非協力的な人間は力の次元で相手の行動を判断して、相手が協力的な行動を取ったのはその人が腰抜けで、自分の利益を最後まで追求する力に欠けているのだと考える傾向が見られます。だからいくら相手が相互協力の必要性を感じて協力していても、非協力的な人間はその相手を搾取しやすい腰抜けであると考え、相手の協力的な態度につけ込んでますます非協力的な行動を強めるということになってしまいます。

従って非協力的な人間を相互協力に導くためには、その人間が非協力的な場合には断固として非協力的な行動を返すという応報戦略を採用しないかぎり、一方的に協力すればするほど

「親切が仇《あだ》」となって、ますます状況が悪化することになります。つまり非協力的な人間を相手にする場合には、「やさしいだけじゃダメ」で、相手になめられない断固とした態度を取る必要があります。

権威主義的パーソナリティーの持ち主

ケリーとスタヘルスキー、あるいはリーブランドやメシックといった人々によって明らかにされた協力的な人間と非協力的な人間との間の前述の違いは、これまで社会心理学で多くの人々によって研究されてきた権威主義的パーソナリティーと強く関連していると考えられます。

権威主義的パーソナリティーに関する研究は、テオドール・アドルノなどの、ナチスにドイツを追われアメリカに移住した社会学者や社会心理学者を中心にして、ナチズムやファシズムの心理的基盤を明らかにするために、第二次世界大戦後さかんに進められてきました。

社会心理学が日本で発展したのは戦後になってからのことですが、戦後の日本の社会心理学の発展の原動力の一つとなったのも、軍国主義の心理的基盤を解明しなければならないという国民の思いと、社会心理学者たちによって紹介された権威主義的パーソナリティー研究とがうまくかみ合ったからでしょう。

権威主義的パーソナリティーの根底には、幼年期の体験によって形成された不安感と無力感が存在していると考えられています。このような不安感や無力感は、幼年期に親によって無条件に愛され受けいれられるという体験が存在しない場合に生まれるとされていますが、ここではこの点に関しての詳しい説明は省略します。

重要なのは、このような根深い不安感や無力感を持つ人々は、他人を信頼することが困難で、そのような不安感や無力感を解消するために力を持った権威と一体化しようという傾向が強いということです。つまり自分一人では不安でたまらないのですが、そのような不安を他人との温かい関係の中で解消するのではなく、他人を押さえつける力を持つことによって、また実際にそのような力が自分にない場合には、力を持った人間や組織に服従し、そのような外部の力の「虎の威を借りる」ことでそのような不安を解消しようとします。

このような権威主義的パーソナリティーの持ち主は、他人が信頼できないだけではなく、人間関係を支配・服従という力の論理で見る傾向にあります。従って社会的ジレンマにおいても、自ら進んで協力するのは自分の弱さを認めることになると考え、常に非協力的な態度を取るだけではなく、他人が協力的な態度を取っているのを見るとますますつけ上がって、協力的な人間を搾取するような一層非協力的な行動を取るようになります。

また権威主義的パーソナリティーの持ち主は他人との関係において、支配・服従、あるいはどちらが上でどちらが下かということを異常に気にするわけですから、社会的ジレンマにおいても皆が一緒に良くなるよりは、全体が悪くなっても他人よりも自分の方が相対的に良くなるような状態を求めて行動することにもなります。

「かしこい」利己主義者の間では、相互に信頼関係が存在すれば協力体制が確立する可能性がありますが、問題なのは人々の中には「えびで鯛の原理」を理解している「かしこい」利己主義者だけではなく、このような権威主義的パーソナリティーの持ち主もまじっているということです。従って社会的ジレンマについて考えるにあたっても、このような「わからず屋」の存在を考慮する必要があります。

安心の保証を求めて

社会的ジレンマ解決にとって最も大きな障害の一つが他人に対する信頼感の欠如であることは、これまでに何百何千という社会的ジレンマ実験研究の結果にもとづいて明らかにされています。この観点からすると、社会的ジレンマを解決するためには他人に対する信頼感を何らかの方法により高める必要がある、ということになります。

つまり、相互協力の重要性・必要性を認識し、他人につけ込まれたり搾取されたりしないかぎり協力するという意思を持っている人々に対して、「協力しても大丈夫だヨ」という保証を与えることができれば、社会的ジレンマ問題のかなりの部分が解決されるわけです。

十七世紀イギリスで活躍した哲学者ホッブスは、社会的ジレンマにおける信頼感の重要性を、当時すでに指摘しています。ホッブスは、「万人の万人に対する戦争状態」という社会的ジレンマの解決が人類にとってきわめて重要であったこと、そしてその社会的ジレンマ問題の解決を困難としているのは、自分だけ平和を求める行動を取ると他人につけ込まれてしまうという不安が存在しているためであることを指摘しています。

この不安を取り去り、「万人の万人に対する戦争状態」という社会的ジレンマを解決するためにホッブスが提唱した方法は、人々の行動を強制させるための公権力を確立するというものです。つまり、社会的平和の必要性を理解しながらも他人を信頼できないため、自発的な協力により「万人の万人に対する戦争状態」を解決できないでいる人々は、自分たちの独立と自由を少なくとも部分的に放棄し、それを公権力に委ねることにより安心の保証を得ようとする、というのが、ホッブスが提唱した社会契約論の骨子です。

このように、ホッブスの社会契約論においては、社会的ジレンマ解決の障害となっている他人に対する不信感を解消するための手段として公権力が考えられています。協力的な行動を取っても他人につけ込まれたり搾取されることのないように、そのような自分勝手な人々の行動を監視し強制するのが公権力の目的だとされています。

社会的ジレンマの研究者の間でも、人々の自発性にまかせておいたのでは社会的ジレンマの解決は不可能であり、何らかの方法により人々を強制的に協力させる必要があるという意見があります。またこのような意見に対して、そのような強制を行うことは全体主義につながるものであるという反対意見もあります。

しかし、ホッブスの議論にとって肝心な点は、公権力の目的が人々を強制的に協力させることにあるのではなく、自発的に協力したいと思っている人々の不安を取り去ることにより、そういった人々が自ら望んでいる協力行動を取ることができる環境を用意することにあります。公権力による強制が全体主義につながるかどうかは、強制のみによって特定の行動を維持しようとするか、強制の目的を「安心の保証」を与えるということに限定して考えるかによって異なってくるのではないでしょうか。

2 二次的ジレンマの発生

損得勘定を変える

世の中には、「えびで鯛の原理」をわきまえた「かしこい」利己主義者だけではなく、「おろか」で近視眼的な利己主義者もいるのだということを前提とすれば、ホッブスが主張しているように、社会的ジレンマを解決するためには公権力を確立して、「おろかな」利己主義者の行動を「規制」し、「かしこい」利己主義者に安心を与える以外に方法はないということになります。

公権力によって人々の行動を規制するということは、もっと一般的に言えば、協力行動や非協力行動が生み出す損得勘定を変えるということです。

第1章で紹介した社会的ジレンマの定義では、社会的ジレンマでは、個々の人間にとっては非協力行動を取った場合の利益の方が、協力行動を取った場合の利益よりも大きいとされています。このように、非協力行動を取った方が得だからこそ、協力行動がなかなか起らないわけです。

ここで、協力行動ないし非協力行動を取った場合の個人にとっての損得勘定と、集団全体にとっての損得勘定をひっくるめて、「利得構造」と呼ぶことにします。この「利得構造」という言葉を使えば、社会的ジレンマは、個人にとっては非協力行動を取る方が協力行動を取るよりも得であると同時に、集団全体としてみると全員が協力行動を取っている方が全員が非協力行動を取っているよりも得な「利得構造」が存在している状況、と定義することができます。

さて、「おろか」で近視眼的な利己主義者は、個人の損得勘定に目を奪われてしまって、集団全体の損得勘定（たとえそれが長い目で見れば自分の損得勘定にはねかえってくるとしても）には目が向きません。従って、「おろかな」利己主義者に協力行動を取らせるためには、協力行動を取った方が非協力行動を取るよりも得になるように、個人の損得勘定を変える以外に方法がありません。

このようなかたちで個人の損得勘定を変えるために最も頻繁に使われる方法は、「アメとムチ」です。協力的行動を取っている人々に特別の「ご褒美」を与え、協力行動にともなう利益を大きくすれば、協力行動を取る方が非協力行動を取るよりも得になります。また、非協力行動を取っている人々に「罰」を与え、非協力行動を取ることにともなうコストを大きくすることができれば、同じく、協力行動を取る方が非協力行動を取るよりも得な状況を作ることができます。

協力的な人々に報酬を与えたり、非協力的な人々に罰を与えたりすることで、協力行動を取る方が非協力行動を取るよりも得なかたちに利得構造を変えることができれば、「おろかな」利己主義者といえども協力行動を取るようになるでしょう。

監視と統制のコスト

こう考えれば、社会的ジレンマの解決は一見簡単なように思われます。「アメとムチ」を適当に使い分ければ、全員が協力行動を取るようになるはずだからです。しかし社会的ジレンマを解決するためのこのやり方には、大きく分けて二つの問題が含まれています。

まず第一に、人々の行動を監視し統制するためにはコストがかかるという点、またそのコストを誰が負担するのかという点、つまりコストの問題があります。

次に、行動を監視され統制されているうちに、人々の間で自発的に協力しようという気持ちが薄れてしまうという問題があります。

ここではまず、最初にあげたコストの問題から考えてみることにしましょう。

アメとムチをうまく使い分けるためには、まず誰にアメを与え誰にムチをふるうかを決めなければなりません。そのためには、当然人々の行動を監視する必要があります。つまり、アメとムチを使って社会的ジレンマを解決しようとすれば、人々の行動を監視するためのコストが必要になります。

問題になっている社会的ジレンマが、小さな集団で人々が直接接触しあっている状況であれば、監視のためのコストは小さなものですむでしょう。例えばゼミで何人かの学生が共同発表の準備をするといった場合、誰がサボっていて誰が熱心に参加しているかは、学生同士の間では一目瞭然です。あるいは小さな村の行事に誰かが参加しなければ、「誰それさんは怠けている」と、皆にすぐわかってしまいます。

しかし集団のサイズが大きくなったり、直接の接触が薄くなったりすれば、それにともなって監視のために大きなコストが必要になります。例えば、夜のうちにゴミを出す人がいて、そのゴミが犬やカラスに食い散らされて皆が迷惑を受けているというような場合、誰が迷惑をかけているかを知るためには、ゴミの収集日の前夜に張込みをしなければなりません。この程度のコストならまだ大したことはありませんが、例えば迷惑駐車を取り締るためには、膨大な数の警察官が必要となるわけで、そのための人件費だけを考えても非常に大きなコストがかかります。

アメとムチを使うためには、このようにまず監視のためのコストが必要となりますが、それだけではなく、統制のためのコストも必要です。例えば共同発表の準備をサボっている仲間の学生に文句を言ったら（これもインフォーマルな統制の一種と考えることができます）、逆に自分の悪口を言いふらされてしまったといった場合には、悪口を言いふらされることによってこうむる被害ないし不愉快な感情が、統制のためのコストになります。

統制のためのコストもこの程度ならまだ大したことはありませんが、社会秩序を維持するための公権力を確立し維持するためのコスト（つまり税金）といった場合には、非常に大きなものとなります。あるいは公権力を濫用されて、自分たちの自由が奪われるという、とてつもなく大きなコストを支払うことになってしまうかもしれません。

アメとムチを使って社会的ジレンマを解決しようとする場合にまず第一に問題となるのは、このような監視と統制のためのコストが大きくなりすぎてしまう可能性があることです。場合によっては、社会的ジレンマを解決することによって得られる利益よりも、コストの方が大きくなってしまう場合もあるでしょう。そうなれば、社会的ジレンマを解決しないでそのまま放っておいた方がよっぽどましです。

二次的ジレンマが発生してしまう！

監視と統制のコストの問題は、コストの方が相互協力の利益よりも大きくなってしまう「過剰統制」が起り得るという点にとどまりません。

次に、監視と統制のコストが必要ではあるが、そのコストは社会的ジレンマを解決することにより得られる利益よりも小さい場合を考えてみましょう。必要なコストを払っても、監視と統制を行った方が、全員にとって利益が大きい場合です。

このような場合、監視と統制が自然に行われるようになり、社会的ジレンマが解決されるようになるでしょうか？

この問題を考えるにあたって重要なのは、監視と統制を誰が進んで行うかという点です。集団全体として考えれば監視と統制のコストの方が、社会的ジレンマ解決により得られる利益より小さい場合にも、それぞれの個人にとってはコストの方が利益よりも大きいのが普通です。そのような場合には、監視と統制を行えば全体がうまくいくことがわかっていても、誰も進んで他人の行動を監視したり統制したりしようとしない、あるいは監視と統制のための制度の維持に進んで協力しようとしないということになってしまいます。

つまり監視と統制を行うということ自体が一種の「公共財」であり、そこに新たな社会的ジレンマ――二次的ジレンマ――が発生することになります。

例えば犯罪者ののさばっている町があって、強力な自警団を組織すれば安心して住める町になることがわかっているとします。この場合、自警団は一種の公共財となり、社会的ジレンマ（二次的ジレンマ）の問題が発生します。強力な自警団が存在すれば、自警団に加わっている人も加わっていない人も、あるいは自警団のための費用を負担している人もしていない人も、この町に安心して住むことができるという利益を等しく享受できるからです。自分が自警団に加わらなくても、あるいは自警団のための費用を負担しなくても、自警団によってもたらされる利益が変わらないなら、それぞれの個人にとってはそのためのコストを負担しない、つまり自警団に加わったり費用を負担しない方が得です。

こう考えると結局、アメとムチを使って社会的ジレンマを解決するということは、たんに問題を先送りしているだけということにもなりかねません。つまり、もともとの社会的ジレンマを監視と統制により解決しようとしても、そのためのコストをめぐって新たな社会的ジレンマ——二次的ジレンマ——が生まれ、もともとのジレンマで自発的な相互協力が不可能な人々の間では、二次的ジレンマでも相互協力が不可能ではないのか、それなら結局は問題の解決にはならないのではないか、という疑問が当然出てきます。

実際、人々がもともとのジレンマと二次的ジレンマで同じ原理にもとづいて行動を決定しているなら、もともとのジレンマで協力しない人間は、二次的ジレンマでも協力しないはずです。

幼稚園児のお絵かき実験

これまで、アメとムチの使用にともなう問題を、監視と統制のコストが大きすぎるために生じる過剰統制という点から、またコストの負担をめぐる二次的ジレンマという点から議論してきました。アメとムチの使用には、このようなコストの問題以外にも重大な問題が隠されています。アメとムチの使用は、たとえ二次的ジレンマがうまく解決され、もともとの社会的ジレンマにおける相互協力の達成に成功したとしても、本当に望ましい効果を持つのだろうかという問題です。

この問題を考えるにあたってまず、社会心理学で「帰属理論」および「内発的動機づけ」と呼ばれている研究について紹介しておきたいと思います。内発的動機づけについての研究の一例として、マーク・レパー、デービッド・グリーン、リチャード・ニスベットたちが共同で行った研究を簡単に紹介しましょう。

この研究は、自発的に行っている行動に対して外的な報酬が与えられると、その行動を自発的に行おうという「内発的な動機づけ」が失われてしまうことを示しています。

研究は幼稚園の園児たちを使って行われています。実験は、お絵かきの時間ですよと言って、園児たちに色とりどりのサインペンを与えることで始まります。園児たちは皆サインペンをもらうと、進んでお絵かきを始めます。

　これらの園児たちの三分の一には、「うまくかいた人はご褒美がもらえますよ」と教えます。そして実際、お絵かきの時間の終りに全員にご褒美を与えます。

　残りの園児たちは、ご褒美について何も教えられていないわけですが、そのうちの半分（つまり全体の三分の一）の園児たちは、お絵かきの時間の終りにご褒美をもらいます。これらの園児たちは実際にご褒美をもらったわけですが、それを目的にしてお絵かきをしていたわけではありません。

　最後の三分の一の園児たちは、ご褒美がもらえることを教えられていないし、実際にご褒美をもらうこともありませんでした。

　この三つのやり方のいずれかでお絵かきの時間を過ごした数日後、同じ園児たちはもう一度お絵かきの時間に、同じサインペンを与えられました。実験の目的は、どのやり方で最初のお絵かきの時間を過ごした園児たちが、次の機会に進んでお絵かきをするか、逆にどのやり方で最初のお絵かきの時間を過ごした園児たちが、次の機会に進んでお絵かきをしたがらなくなるかを調べることにあります。

遊びが仕事になると

実験の結果から、最初に第一のやり方で、つまりご褒美がもらえることを教えられてお絵かきをした園児たちの中で二度目の時間に進んでお絵かきをした子供の数は、他の二つのやり方、つまりご褒美がもらえることを知らないでお絵かきをした園児たちの中で二度目に進んでお絵かきをした子供の数の、ほぼ半数しかいないことがわかりました。つまり、ご褒美を楽しみにしてお絵かきをした子供たちは、ご褒美を期待しないでお絵かきをした子供たちにくらべ、二度目の機会に進んでお絵かきをしたがらなくなったわけです。

この結果は、お絵かきに対して子供たちが持っている「内発的動機づけ」、つまりお絵かきが楽しいという気持ちが、ご褒美という外的な報酬を与えられることにより減少してしまったためだと解釈されています。

この研究に代表される内発的動機づけについての一連の研究は、内発的動機（すなわちある行動をすること自体が楽しい、あるいはその行動自体から内的な報酬を得ている）にもとづいて行われている行動に外的な報酬を与えると、そもそもの内発的な動機づけが失われてしまうことを示しています。つまり、趣味も仕事になると楽しくなくなる、というわけです。

実際、レパーたちの上述の研究論文の題は、「遊びが仕事に」となっています。

ここで内発的動機づけについての研究を紹介したのは、同じような関係が、社会的ジレンマにおける協力行動にもあてはまると考えられるからです。すなわち、外的な報酬（アメとムチ）により協力行動を強制されると、人々は自分が協力しているのはたんに強制されているからだと思うようになり、従って、強制されなくとも自分から進んで協力しようという、協力行動に対する内発的動機づけを失っていくことになると考えられます。

また、アメとムチの使用によって自発的に協力しようという気持ちが失われてしまうという現象は、本人の行動についてだけではなく、他人の行動についてもあてはまることも知られています。この点に関しては、帰属理論について説明しておく必要があるでしょう。

社会心理学の中心的な理論の一つである「帰属理論」では、ある行動を説明するのに十分な外的要因が存在する場合には、その行動の原因帰属（どうしてその行動が起ったかについての主観的な説明）が内的帰属（その原因が態度・動機等の行為者の内部にあると考えること）ではなく、外的帰属（その原因が他人から強制された等、行為者の外部にあると考えること）によってなされる傾向のあることが知られています。従ってアメとムチにより協力行動が促進されている場合には、自ら進んで協力しようという内発的動機づけが弱くなるだけではなく、他人が協力しているのは進んでそうしているのではなく、強制されていやいや仕方なく協力しているのだと思うようになるというわけです。

他人が協力しているのは自発的にではなく、強制されているからだと思うようになれば、他人はアメやムチといった外的要因なしには協力しないだろうと思うようになります。このように、アメとムチを使って協力行動を促進していると、他人に対する信頼感が低下することになりかねません。

アメとムチの麻薬中毒

要するに、「内発的動機づけ」や「原因帰属」についての社会心理学の研究から言えることは、アメとムチを使って協力行動を促進していると、そのうちに人々が自発的に協力しようという気持ちをなくしてしまうだけではなく、他人も本心では協力する気がないのだと思うようになってしまうということです。

その結果、アメやムチが使われている間は協力行動が維持されるわけですが、アメやムチがなくなってしまうと、とたんに協力行動が起りにくくなってしまいます。またたとえアメやムチが使われている場合にも、そのために自発的な協力への意思が弱まってしまうため、時間が経つにつれすでに使われているアメとムチでは不十分となってしまい、より強力なアメやムチが必要となります。

この点を政治学者のマイケル・テイラーは、麻薬中毒に例えています。つまり、アメとムチは麻薬のようなものであり、それを使用している間は協力行動が促進されるが、その使用によって成員の自発的な協力意思がなくなるため、協力行動を維持していくために、ますます強力なアメとムチが必要とされるようになる、というわけです。

つまり、アメとムチの使用は、一見したところは社会的ジレンマを解決しているように見えますが、実は問題を一層深刻化している可能性があるのです。はじめは人々の自発的協力により解決可能であった社会的ジレンマも、アメとムチを使用することにより自発的協力による解決が困難となってしまい、その解決のためにますます強力なアメとムチが必要とされるようになるという可能性です。そしてアメとムチの強度が増すにつれ自発的な協力意思はますます減少し、悪循環の新たなサイクルが続くことになります。

また、小さな集団でお互いに他人の行動を監視しあっている場合を除き、アメとムチを使用するためには、そのための組織が必要となります。そのような組織（政府ないし政府類似の組織）の発達は、しばしば社会的ジレンマ問題の解決を提供するという点から正当化されています。例えば先に紹介したホッブスの議論がこれにあたります。しかしテイラーは逆に、政府（ないしアメやムチを行使する政府類似の組織）の存在そのものが社会的ジレンマを生み出しているのだと主張しています。

すなわち、①アメやムチの使用は（前述したように）自発的協力を可能とする愛他的な動機を減少させるだけでなく、②そのための政府ないし政府類似の組織の発達が、社会的ジレンマ問題の解決のための自発的協力を育てる母体としての共同体を破壊する、とされています。

例えば家族や親類、あるいは近所づきあいのなかでお互いに助けあって生きてきた人々の間では社会的ジレンマ問題はほとんど存在していなかったのに、このような共同体が公的な組織の発達により破壊されると、それにともなって、今までは自発的に協力しあっていた人々も、自分の利害だけを考えるようになるというわけです。

第4章 ジレンマを生きる

1 「かしこさ」の落とし穴

人間のかしこさ

ここで少し、社会的ジレンマを解決するための「かしこさ」について考えてみましょう。本書では「かしこさ」を、先を見通す能力だと考えています。先を見通して、自分が望んでいることを達成するために、何が必要なのかを理解する能力と言ってもいいでしょう。

私たちはふだん、この意味での「かしこさ」こそが、私たちが直面する様々な問題を解決するために必要な能力だと考えています。私たちが直面している様々な問題、特に社会問題を私たちが解決できないでいるのは、この意味での「かしこさ」が私たちに欠けているからだと思っています。しかし本書の冒頭で書いたように、社会的ジレンマの問題は、解決のために何が必要なのかがわかっていないことによって生まれる問題なのではなく、「わかっちゃいるけどやめられない」ことによって生まれている問題なのです。ということは、何が必要なのかを教えてくれる「かしこさ」は、社会的ジレンマの解決にはほとんど役に立たないかもしれません。

「かしこさ」が役に立たない理由は、社会的ジレンマ問題の本質が、解決に必要な行動を取るように私たち自身の行動をコントロールすることができない点にあるからです。つまり、社会的ジレンマ問題の本質は、人々の行動のコントロールにあると言うことができます。何が必要なのかを知ることが重要なのではなく、必要なことを実行させることが重要なのです。

この意味では、社会的ジレンマを解決するための「本当のかしこさ」とは、何が必要なのかを理解する「かしこさ」なのではなく、必要なことを実行させる能力なのだと言えるでしょう。本章を含む後半の三つの章は、この意味での「本当のかしこさ」を探す道筋について書かれています。

盗まれたかばん

社会的ジレンマ問題の本質は行動のコントロールにあると先に書きました。つまり、しなくちゃならないとわかっていることをするためにはどうすればいいかという問題です。

この問題、つまり、しなくちゃならないとわかっていることを実行させるという問題は、実は経済学者によって古くから扱われている問題で、経済学者はこの問題を「コミットメント問題」と呼んでいます。コミットメント問題というのは、特定の行動を取るように自分自身を拘束する、つまり自分自身を特定の行動にコミットすることによってのみ解決できる問題です。

例えば、どうやったらダイエットに成功するかというのは、甘いものに手を出さないように自分自身を拘束できれば解決できるコミットメント問題の一つです。

社会的ジレンマの問題は、このような、しなくちゃならないことをちゃんと実行するという問題、つまりコミットメント問題としての側面を強く持っています。この点は、本書の最初に紹介したねずみたちのジレンマを思い出してみればよくわかります。ねずみたちがいくらかしこくて、猫に鈴をつければ良いことを理解しても、誰かがそれを実行しなければ意味がありません。同様に、経済学者のロバート・フランクは、『オデッセウスの鎖——適応プログラムとしての感情』（サイエンス社、一九九五年）の中で、このコミットメント問題に焦点をあてて、かしこいだけではコミットメント問題が解決できないことを議論しています。

この章では、まず、このロバート・フランクの議論を手がかりに、コミットメント問題について検討することにします。

フランクは、社会には合理的な人間には解決できない問題が存在すること、そしてそのような問題に直面すると、合理的な人間よりも非合理的な人間、つまり感情的に行動する人間の方が有利な結果を手にすることができることを、いくつもの例をあげて説明しています。

そのような例の一つに、お気に入りのかばんを盗まれてしまった人の例があります。Aさんとしておきます。Aさんは、数日まえに三万円で買ったばかりのお気に入りのかばんを盗まれてしまいました。誰が盗んだかはわかっていて、その証拠もあります。ですから、証拠と一緒に警察に通報すれば、裁判の結果かばんは確実に戻ってくるはずです。

合理的なＡさんと感情的なＢさん

さて、Ａさんは警察に通報してかばんを取り戻そうとするでしょうか？

ここで、Ａさんが合理的人間、つまり自分の利益だけを気にしている「かしこい」利己主義者だったとします。警察に通報すればかばんを取り戻すことができるので、合理的なＡさんは警察に通報するはずです。しかしこれは、警察に通報して三万円のかばんを取り返すためにコストが全くかからないという前提のもとでの結論です。

しかし実際には、警察に通報すると、様々なコストがかかってきます。まず警察に出向いて、被害届を提出しなければなりません。場合によっては現場検証につきあうことにもなるでしょう。さらに、裁判の証人として出廷しなくてはなりません。そういった様々な手続きや雑用によって、少なめに見積もってもまる一日はつぶれてしまいます。ということは、Ａさんにとって三万円のかばんを取り返すためのコストとして、少なくとも一日を無駄にする必要があるということです。

これに対して、Ａさんは一時間あたり一万円を稼ぐ専門職についているとします。弁護士でもコンサルタントでもかまいません。ということは、警察に通報してかばんを取り返すためにAさんにかかるコストは、一日の稼ぎである八万円（八時間労働として）になります。つまり、三万円のかばんを取り返すために八万円のコストがかかってしまうということです。

さて、合理的な人間であるAさんは、かばんを取り戻すために警察に通報するでしょうか。当然しないでしょう。通報しなければ損害は三万円ですみますが、通報すれば八万円のコストがかかってしまうからです。三万円のかばんを取り返すために八万円をかけるのは、どう考えても「おろか」で非合理的な行動です。

それでは、かばんを盗まれたのが感情的な人間で、腹を立てると損得を忘れて行動してしまうBさんだった場合はどうでしょう。Bさんはかばんを盗んだ人間に腹を立てて、盗んだ人間がほくそ笑んでいるのが許せません。犯人を罰することだけを考えて警察に通報してしまいます。相手を罰するために八万円のコストがかかることになっても、そんなことは怒りにかられた頭に浮かびません。後になって後悔するかもしれませんが、その場では後先のことを考えず、ともかく警察に通報してしまいます。

合理的なAさんはかばんを盗られ損で三万円の損害をこうむり、感情的なBさんは一日をふいにして八万円の損害をこうむります。この二人の行動の結果をくらべると、世の中やはり腹を立てると損をする、感情的にならないようによく計算して行動しなくてはならない、という教訓が思い起こされます。

しかし、合理的なAさんの方が感情的なBさんよりも、本当に「合理的」に行動している――つまり、自分の利益を最大化するように行動している――のでしょうか？

何を馬鹿なことを言っているのか、と読者の皆さんは思うかもしれませんね。合理的なAさんの方が非合理的で感情的なBさんよりも、自分の利益を大きくするように行動しているはずだからです。実際、このかばんの例でも、合理的なAさんの方が感情的なBさんよりも小さな損害をこうむるだけですんでいます。

しかし、Aさんは合理的で、八万円未満の盗難に関しては警察に通報しないことがまわりの人たちにわかってしまえばどうなるでしょう。Aさんの持ち物は、八万円未満のものであれば盗み放題だということになります。まわりの誰もがAさんの持ち物を勝手に盗みはじめれば、そのうちにAさんの被害は何百万円にもなってしまうかもしれません。

反対に、すぐに頭にきて何をするかわからないBさんの持ち物には、誰も手を出そうとしないでしょう。感情的に行動することで、Bさんはその場では大きなコストを支払います。しかしそのことによって、感情的に行動する必要のある場面に直面する可能性――例えば持ち物を盗まれる可能性――を減らすことになります。

さてここで、Aさんはとてもかしこい人間で、自分が直面している問題を理解したとします。

自分が合理的に行動する人間だとわかってしまうと、まわりの人から持ち物を盗まれてしまうという問題です。そこでAさんはまわりの人たちに、「今後何かを盗まれた場合には、いくらその品物が少額で、訴えると損をすることがわかっていても訴える決心をした」と宣言します。まわりの人たちが、Aさんのこの言葉を信じれば、Aさんは今後物を盗まれ続けることはなくなるはずです。しかし問題は、どうやったら自分の決心をまわりの人たちに信じさせることができるかにあります。

言いかえると、ここでのAさんの問題は、自分の決心が将来の自分の行動を拘束することを、まわりの人たちに説得するという問題なのです。そしてこのことをまわりの人たちに説得するためには、現在の決心通りに実行するように自分の将来の行動を拘束できなくてはなりません。どうやって現在の決心通りに行動するように将来の自分の行動を拘束するかという問題が、Aさんにとってのコミットメント問題なのです。

コミットメント問題とは

一番単純なコミットメント問題は、ダイエットになかなか成功しない人たちが直面している問題でしょう。ダイエットが成功しないのは、「甘いものは控えよう」「ビールは飲み過ぎないようにしよう」とある日決心したとしても、その決心が将来の自分の行動を拘束できないからです。

ダイエットを決心したときの自分にとっては、引っ込んだお腹の利益（経済学者の言葉を使って「効用」と呼ぶことにします）が、甘いものやビールの効用よりも大きいので、ダイエットをすることが合理的な行動、つまり自分にとっての利益の大きい行動になっています。

しかし、時間がたってお腹が減ったときに目の前においしそうなケーキがある、あるいは一仕事終って喉が渇いたときに生ビールが目の前にあるとしたら、そのときには、ケーキを食べたりビールを飲んだりする行動が合理的な行動になってしまいます。というのは、ダイエットを決心したときのケーキやビールの効用よりも、お腹が減ったときや喉が渇いたときのケーキやビールの効用の方が大きくなってしまうからです。仕事の後で喉が渇いたときの一杯のビールの効用は、その一杯のビールがもたらす脂肪何グラムかのマイナスの効用の大きさを上回っています。だからこそ、「まあいいや」と思ってビールを飲んでしまうわけです。

つまり、私たちは現実に行動する――例えばお腹が減ってケーキを食べるかどうか迷っている、あるいは喉が渇いてビールを飲むかどうか迷っている――ときになると、そういった状況に直面していないときに感じている効用とは違う効用をその行動の結果に対して感じるようになります。コミットメント問題というのは、その場になると自分の行動の効用が変わってしまい、そのため自分の合理的な行動が変化してしまうのを、どのようにしてあらかじめ予防するかという問題です。ダイエットの決心をした時点では、自分のみにくいお腹を見ることのマイナスの効用の方が、ケーキやビールの効用よりも大きいのですが、実際にケーキを食べたりビールを飲んだりするだんになると効用が逆転してしまいます。従って合理的な自分は、その場になるとケーキを食べたりビールを飲んだりしてしまうのです。これをどうやって防ぐかがコミットメント問題を解決することです。つまり、ダイエット問題に代表されるコミットメント問題を解決するためには、その場になって合理的に行動できないような手段をあらかじめ講じておく必要があるわけです。

このように、コミットメント問題は、その場その場で合理的に行動する人間には解けない問題なのです。コミットメント問題を解決するためには、その場になって合理的に行動しないように、あらかじめ自分の行動を縛っておく必要があるからです。

オデッセウスの冒険

歴史上一番有名なコミットメント問題とその解決は、ギリシャの詩人ホメロスの叙事詩『オデュッセイア』に登場する、英雄オデッセウスと妖精セイレーンの物語でしょう。セイレーンの歌声は聴く者すべてを感動させますが、同時に、歌声を聴いた船乗りたちの乗った船を岩礁へと誘い、難破させてしまいます。

オデッセウスはトロイでの勝利の後、セイレーンの棲む海域を航海することになりました。そこでオデッセウスは、セイレーンの歌声を聴いてみたいという誘惑にかられます。しかし、セイレーンの歌声を聴けば自分がコントロールできなくなって、つい岩礁に船をぶつけてしまいたくなることがわかっています。ここでオデッセウスは、歌声を聴いても船を岩礁にぶつけないよう、あらかじめ自分の行動を拘束する方法を講じるという、コミットメント問題に直面します。

そこでオデッセウスが考えたのが、部下に命じて自分の身体を帆柱に縛りつけさせるという手段です。そのうえで、部下に対して、危険地帯を通り抜けるまでは自分が何を言っても無視するように命令します。部下に対しては耳栓をして、セイレーンの歌声が聞こえないようにするよう命じます。

セイレーンの歌声を聴いた将来の自分は、今の自分が望んでいない行動を望むようになることを、賢明なオデッセウスは理解します。つまり、自分がコミットメント問題に直面していることを理解するわけです。そして、そのコミットメント問題を解決するために、つまりいくら将来の自分が別の行動を望むようになっても、その行動を取ることができないような手をあらかじめ打っておくこと、これがコミットメント解決のための手段を講じることです。オデッセウスはそのための手段として、自分の身体を帆柱に縛りつけるための鎖を選びました。

選択の自由を捨てる勇気

この例では、オデッセウスは自分で意識的にコミットメント問題を解決するための方法――自分の身体を帆柱に縛りつけさせる――を選んでいます。このようなコミットメント解決のための手段を見つけることができれば、問題は解決されます。例えばオデッセウスは、船を難破させることなくセイレーンの歌声を聴くことができました。

私たちも、適切な手段を見つけることができれば、私たちの直面しているコミットメント問題を解決できるはずです。そうなれば禁煙も成功するし、ダイエットにも成功するはずです。しかしこのような手段を見つけるのは簡単ではありません。そして適切な手段を見つけることができない人たちは、何度も禁煙を試みては失敗し、ダイエットに何度も挑戦しながら失敗を繰り返す羽目になってしまいます。

少し前に紹介した、かばんを盗まれたAさんの話を思い出してください。Aさんにとって必要なのは、いくら損をするとわかっている場合でも、損を覚悟で盗みを訴えるという決心を実際に実行すること、そしてそのことをまわりの人たちに理解させることです。禁煙やダイエットに何度も失敗している人がわかっているように、この決心を実行することは困難なことです。

そしてそのことをまわりの人たちが理解しているかぎり、「そんなことを言ったって、いざとなれば、Aさんは自分が損をするようなことはしないサ」と思われてしまうでしょう。そうなれば、Aさんはコミットメント問題の解決に失敗してしまいます。

この点を理解すれば、コミットメント問題を解決するためには、私たちは選択の自由を捨てる必要があるということが理解できるでしょう。コミットメント問題の解決は、将来の自分が自由に行動を選択することができないように、あらかじめ自分の行動を縛っておくことにあるからです。

これと同じように、社会的ジレンマ問題の解決も、そうしないといけないとわかっていることを必ず実行するように、人々から選択の自由を奪っておく必要、つまり人々の行動を縛っておく必要があります。

こう言うとすぐに、それは全体主義的な発想ではないか、警察国家を望ましいと思うのか、過剰統制の問題はどう考えるのかといった批判が聞こえてくるような気がします。こういった批判はもちろん当然の批判ですが、ただし筆者が言いたいことにはあてはまりません。

というのは、選択の自由を奪ったり、行動を縛ったりするのは他人や社会ではなく、私たち自身だからです。他人によって選択の自由が奪われれば、私たちの基本的人権が侵害されたことになります。しかし私たち自身が自分の選択の自由を奪うのであれば、話は全く変わってきます。

強い意志を持ってある行動を実行すると決心することは、いまの自分が将来の自分の選択の自由を奪うことです。この決心を非難する人はいないでしょう。しかし筆者がここで主張しているのは、強い意志を持って決心をすることではありません。

そうではなくて、私たちの心の中には、コミットメント問題や社会的ジレンマ問題を解決するために必要な、私たちの意識的な行動の選択の自由を束縛するためのメカニズムが備わっているということなのです。そのような心のメカニズムの一つとして、先に紹介したフランクは感情をあげています。感情は、合理的な判断を無視して私たちに一定の行動を取らせます。感情的なBさんは、自分のかばんを盗まれると怒りにかられ、自分が損をする羽目になるかどうかなど気にしないで、盗んだ相手を罰することに心を奪われてしまいます。そしてそのことによって、つまり感情によって自分の将来の行動を拘束することで、感情的な人間であるBさんは、合理的な人間であるAさんには解決できないコミットメント問題を簡単に解決してしまいます。

この例でもわかるように、感情は私たちの将来の行動を拘束することで、コミットメント問題を解決する手段としての役割を果たしているのだというのが、フランクの議論です。感情が将来の行動を拘束するというのは、Bさんの例で登場した怒りの感情だけにとどまりません。愛情は愛しあう二人の将来の行動を拘束します。正直さや公平さなどの道徳感情は、他人を裏切ったりする行動を取らないように、自分の将来の行動を拘束します。

２　脳が進化した理由

分割脳

このように考えると、私たちの心には、私たちが自分で意識しないまま、いろいろな問題を解決するためのしくみが組み込まれていることに気がつきます。フランクが指摘しているのは、感情が、コミットメント問題を解決するためのしくみとして私たちの心の中に組み込まれているという点です。

私たちの心には、自分で意識しないままさまざまな問題を解決するためのしくみが組み込まれていると言うと、少し変な気がするかもしれませんね。変な気がするのは、私たちはこれまで、人間の心の本質は意識にあるとする考えを何の疑問もなく受け入れてきたからです。「我思う、ゆえに我あり」というデカルトの有名な言葉が、心と意識との一体関係についての私たちの常識を代表しています。

しかし現在の心理学では、この一般的な常識に反して、人間は自分の心の働きの中のほんの一部分しか意識していないことが明らかにされています。つまり、人間の脳の中で起っている情報処理――これこそ人間の心の働きの内容なのですが――のほとんどは、意識されることがないまま自動的に行われているのです。

「そんな馬鹿なことがあってたまるか、自分のことは自分が一番よくわかっている」と反論する読者もいるかもしれませんね。そういった疑問を持った読者は、これから紹介する分割脳についての研究の意味を考えてみてください。

私たちは少なくとも近代になってからは、「我思う、ゆえに我あり」という意識中心の自己感とともに生活してきました。そのため、意識が行動をコントロールしているという常識をしらずしらずのうちに植えつけられています。しかしこの常識がいかにあてにならないものであるかは、薬物によって二つの脳半球のうちの優位脳（通常は左脳）だけを眠らせた実験や、分割脳患者を使った実験の結果を見ればはっきりしています。

私たちの脳は右脳と左脳に分かれていて、通常は左脳が優位脳と呼ばれ、論理的な分析や言語による処理を必要とする課題を受け持っています。そして、もう一つの脳半球（通常は右脳）は言語の処理が得意ではありません。このことを知ると、次のような疑問が浮かんできます。

右脳で起った情報処理を左脳に伝達できないようにすれば、その情報処理の内容を本人は意識することができません。そういった状態におかれた人は、自分で意識しないまま行動するのでしょうか？　意識にコントロールされないまま右脳の命令で行動している人は「我思わなくても、我あり」の人ですが、その人の行動は普通の人の行動と全く異なった意味を持つ行動なのでしょうか？

ノーベル生理学賞を受賞したロジャー・スペリーやマイケル・ガザニガたちが中心となって行った分割脳研究は、こういった疑問に対して驚くべき答えを用意しています。

ある実験では、言語処理を担当する優位脳である左脳に薬物を注入して、左脳の活動だけを一時的に休止させます。ただし右脳は正常に活動しています。そうしておいて、左脳の活動が休止している人の左手にスプーンを握らせます。左手からの情報は右脳に入ります。しかし左脳は眠っているので、その情報は、言語活動を処理する左脳には伝わりません。

しばらくして左脳が目覚めたことを確認してから、「さっき触ったのは何ですか？」と尋ねます。そうすると、その人は「わかりません」と答えます。もちろん、そのときにはすでにスプーンは握っていません。

ここまでは当たり前の話ですね。スプーンを握っていたときには左脳は活動を休止していましたから、スプーンについての情報は左脳に伝わっていません。そして「さっき触ったのは何ですか？」という質問は言語を担当する左脳で処理されますから、スプーンについての情報を持たない左脳は、当然「わかりません」と答えるはずです。

このことを確認した後で、実験者はこの人にスプーンの絵をいろいろな道具の絵と一緒に見せて、「この中から、さっき触ったものを指差してください」と頼みました。そうすると、さっき触ったのがスプーンであることを意識できないにもかかわらず、この人はスプーンを指差すことができたのです。

このことは、この人の右脳が意識を通さないで、スプーンに触ったという情報を正しく認識することができたことを意味しています。つまりこの人は、自分で意識しないまま、自分が触ったのがスプーンだということを「知っていた」のです。あることを「知っているかどうか」は、知っていることに気づいているかどうかとは別だということを、この実験の結果は私たちに教えてくれています。

分断された脳〜意識が知らない本当の理由〜

分割脳患者を使ったもう一つの実験の結果はもっと衝撃的です。分割脳患者というのは、右脳と左脳とを結んでいる脳梁《のうりょう》が何らかの理由で切断された人です。この実験は、分割脳患者の中でもかなり特殊で、右脳では情報の言語化はできないが言語情報に反応することはできるSさんという患者を使って行われました。

実験では、Sさんの視野の左側にだけ命令を見せます。視野の左側に入った情報は右脳にだけ伝達されます。そして、Ｓさんの脳梁は切断されているので、この命令は言語を処理する左脳には伝わりません。

まず最初に、「笑ってください」というカードを見せます。そうするとＳさんは笑います。この命令は左脳に伝わっていないので、Ｓさんが笑うのは右脳の命令に従ったためです。そこで次にＳさんに、「どうして笑っているのですか」と尋ねます。そうするとＳさんの答えは、「笑えという命令に従ったからだ」という答えではなく、「あなた（実験者）が面白い人だからだ」という答えでした。

このときＳさんの意識は、右脳が処理した情報（「笑え」というカード）のことも知らなければ、右脳が自分に出した「笑え」という命令についても気づいていません。Ｓさんの意識が気づいていたのは、自分が笑っている状態（そして目の前にいる実験者が面白そうな顔をしているということ）だけです。そこでＳさんは自分が気づいている情報にもとづいて、自分が笑っている理由を勝手に考え出してしまったというわけです。つまりＳさんの意識は、自分の行動の原因を勝手にでっちあげてしまったのです。

同じような結果は、別のカードに書かれた命令を見せたときにも起りました。例えば「ボクサーのふりをしてください」というカードを見せます。そうするとＳさんはボクサーのまねをします。そこで「何のふりをしろと言われましたか」と尋ねると、「ボクサー」と正しく答えました。

　しかしSさんの手を動かせないように固定してから、もう一度「ボクサーのふりをしてください」というカードを見せると、今度はSさんは手が動かないのでボクサーのふりができません。そこでもう一度「何のふりをしろと言われましたか」と尋ねると、Sさんは「何も見なかった」と答えたのです。しかし、その後でもう一度手が動くようにして同じ質問を尋ねると、今度はボクサーのふりをしながら「ボクサー」と答えたのでした。

　Sさんは自分で意識しないまま、右脳の命令に従って行動していました。Sさんの左脳は、右脳に示された命令については全く知らされていないにもかかわらず、ボクサーのまねをしている自分の行動を見ることで、自分に与えられた命令が「ボクサーのふりをするように」という命令だったことを理解したのです。

　これらの実験の結果が明らかにしていることは、人間は自分で意識しないまま高度な情報処理を行っているということです。ここでは理解しやすいように分割脳患者の例を使って説明しましたが、これ以外の多くの研究からも、人間の脳で行われる情報処理のほとんどは、意識されないまま自動的に行われることがわかっています。

モジュール化された情報処理

さて、本章のテーマは、意識的な選択の自由を自分で奪うことができる能力こそが、コミットメント問題や社会的ジレンマ問題の解決に必要とされている「本当のかしこさ」だというものです。そしてそのことを議論する下準備として、分割脳の話をしました。

分割脳の話をしたのは、私たちの心には、意識に上らないまま自分の行動を制御するためのしくみが組み込まれていることを理解してもらいたかったからです。

現在の脳神経科学や認知科学では、脳はどのような問題にでも適応可能な大型コンピュータのようなものではなく、それぞれが特定の課題についての「領域特定的な」情報処理をする無数のマイクロチップの集積のようなものだと考えられています。そしてこれらの領域特定的な情報処理のためのマイクロチップは、「認知モジュール」と呼ばれています。

情報が特定の認知モジュールに送られてそのモジュールが活性化されると、その内部で自動的な情報処理が進行します。私たちの脳はこうした「分業体制」を発達させることで、限られた「資源」(認知能力)を有効に活用しているのです。

私たちの脳がこのような分業体制を発達させたのは、それが何にでも応用の利く汎用の情報処理装置を発達させるよりも効率が良かったからです。つまり、私たちが進化の過程で直面してきた問題は様々ありますが、新しい問題に直面するたびにその問題を解決するのに効率的なモジュールが進化したのだと考えられています。

例えば物を見るための視覚のシステムは、音を聞くための聴覚のシステムとは独立に存在しています。それは、物を見ることによって解決すべき適応上の課題と、音を聞くことによって解決すべき適応上の課題とが、私たちが進化してきた環境の中で独立に存在していたからです。私たち人間が進化してきた環境の中には、私たちの生き残りのために重要な適応課題と繁殖のために重要な適応課題が独立に存在してきました。それらの独立した課題に対応して、私たちの脳の中にはそれらの課題の解決を専門的に扱う認知モジュールが存在していると考えられます。これが領域特定的——つまり、ある特定の適応領域に存在する課題の解決を専門としている——モジュールの考え方です。

社会的交換モジュールの誕生

一九八〇年代の後半から急速に力を伸ばしてきた心理学の研究分野に、進化心理学と呼ばれる分野があります。その中心にいて進化心理学の発展を推し進めてきた一人が、リーダ・コスミデスです。そのコスミデスは、人間の脳には社会的ジレンマの解決を専門にしている認知モジュールが存在しているのだという主張を展開しています。

この主張の背後には、人類を含む大型類人猿の脳と知能の進化は、物理的な環境への適応よりも社会的な環境への適応が大きな役割を果たしてきたという、社会脳仮説ないしマキャベリ的知能仮説が存在しています。この社会脳仮説ないしマキャベリ的知能仮説というのは、実は、人間についての研究ではなくサルの知能についての研究の中から生まれてきた考え方です。科学的に確立した理論と言うには証拠がまだ不足しているため、理論ではなく仮説という言葉が使われています。

サルの生態や行動についての研究が進み、同時に人類や類人猿の祖先たちについての考古学的な研究が進むにつれて、類人猿や人類の脳が大きくなったのは、集団の中での複雑な社会環境への適応課題が淘汰圧《とうたあつ》として働いたからだという考え方が受け入れられるようになってきました。

人類は、一人一人の個体としてみた場合には、他の種の個体とくらべて特にすぐれているわけではありません。速く走ることもできなければ、うまく木に登ることもできません。鋭い牙を持っているわけでも、頑丈な毛皮でおおわれているわけでも、強い腕力を持っているわけでもありません。そんな人類が他の種を圧倒する力を発揮できたのは、うまく集団を作って協力しあうことができたからです。

しかし、人類の適応のためには集団で協力しあっていくことが大切ですが、集団で協力しあっていくのはとても難しい課題です。それは、集団での協力には社会的ジレンマの問題がつきまとっているからです。

人類が他の種をしのいで地球上のあらゆる場所で繁栄することができるようになったのは事実ですが、そのためには集団で協力することが不可欠でした。そして人類の繁栄を可能とした集団での協力が成立したのは、他の仲間たちに働かせておいて自分だけは甘い汁を吸おうとする人間たちが生み出す社会的ジレンマの問題を、私たちの先祖が何とか解決してきたからです。

現代の社会では、長い歴史を通して人間が生み出してきたしきたりや掟《おきて》や決まりや法律、そしてそういった決まりや法律が守られるように人々の行動を規制するための様々な組織や制度が存在しているため、お互いに安心して協力しあうことができます。しかし、こういった社会制度による保証が存在しなかった私たちの先祖たちの間では、集団での協力は大きな利益を与えてくれる望ましい活動であったと同時に、他の仲間たちに利用されたり搾取されたりする危険性も伴っていたと考えられます。

このような、集団での協力が生存にとって必要な条件でありながら、その一方でお互いに仲間たちを利用したり出し抜いたりしあっている状況が、進化の歴史を通して私たちの先祖に広く共有されていた社会的環境でした。つまり、社会的ジレンマの状況こそが、私たち人類の脳と心の進化にとって最も重要な環境だったというわけです。

実際、チンパンジーやボノボなどの人類に近い類人猿の行動の観察から、彼らの社会に、人間の社会での政治活動にあたる行動が存在していることが明らかにされています。また、だましあったり、徒党を組んでボスに対抗したり、ボスの地位を脅かす挑戦者に立ち向かう際にボスが自分の支持者を集めたり、などといった「権謀術策」が飛び交っている社会であることも明らかにされています。このような環境にうまく適応するためには、都市国家が群立していたルネッサンス期のイタリアで、都市国家の君主が学ぶべき知恵を説いたマキャベリのような、権謀術策の世界を生き抜くための知恵が必要とされます。

集団で協力したり、徒党を組んでより強い仲間に対抗したり、だましたり、だまされないようにしたりすることの重要性を指摘した、このような類人猿の研究から、人類を含む類人猿の脳が大きくなったのは社会的環境への適応にとって重要だったからだという「マキャベリ的知能仮説」が提唱されてきました。人類を含む類人猿の脳の進化にあたっては、集団における「権謀術策」を効率的に遂行するための「マキャベリ的知能」の必要性が重要な役割を果たしてきたという考え方です。

裏切り者を捜せ！

進化心理学者のコスミデスが注目したのは、このように、人間の進化の過程で社会的ジレンマが果たしてきた役割です。人間はお互いに協力的な関係を形成し維持することで繁栄してきたわけですが、そういった協力的な関係においても、多くの場合「ただ乗り」の可能性が含まれています。そこでコスミデスは、人間の進化の過程に存在していた社会的ジレンマ問題が、人間の脳の中に、「裏切り者」を見つけるためのモジュールを進化させてきたと主張しています。

つまりコスミデスは、社会的な適応課題を解決するための認知モジュールの一つに、社会的ジレンマ状況（彼女は、社会的交換状況と呼んでいますが）において「裏切り者を捜す」作業に特化したモジュールが存在するだろうと考えました。そういったモジュールを持っていると、社会的ジレンマ状況で相互協力を達成しながら、非協力者に甘い汁を吸われてひどい目にあわされなくてすみます。

もちろん、「裏切り者探索モジュール」がなくても、意識的な情報探索を行って、裏切りそうな人間を見つけることは可能でしょう。しかし、それは一〇万円のパソコンでできる仕事をするのに一〇億円のスーパーコンピュータを使うようなもので、人間の限られた認知能力を有効に使うためには効率的ではありません。一般的な認知能力を裏切り者の探索のために常に使っていれば、それ以外のもっと生産的な目的のために使うことができなくなってしまうからです。

つまり裏切り者に目を光らせる役割をその役割だけに特化したモジュールに割り当てた方が、人間の限られた認知能力をより有効に使えることになり、適応に有利に働くはずです。

4枚カード問題

一方の面には数字が、他方の面にはアルファベットが書いてあるカードが何枚かあります。これらの中から4枚のカードを選んで、片面だけが見えるように並べたとします。

E	K	4	7

さて、これらの4枚のカードについて、「もしあるカードの片面に母音が書いてあるならば、そのカードのもう一方の面には偶数が書いてある」という規則が成り立っているかどうかを確かめたいのですが、そのために裏面に何が書かれているかを必ず見なければならないカードだけを選んでください。

図4・1　ウェーソンの4枚カード問題の例

コスミデスは、人間の脳にはこのような裏切り者探索用のモジュールが備わっていることを、心理学で古くから研究されてきた「ウェーソンの4枚カード問題」を使って証明しようとしました。この四枚カードについては、図4・1をご覧ください。

まず、図4・1に紹介されている4枚カード問題を解いてみてください。

この問題の正解は、Eと7です。しかし、論理的に考えれば簡単に解けるはずのこの問題に対する正答率があまり高くないことは、これまでに行われた多くの研究でよく知られています。多くの場合、人々はEと7ではなく、Eと4を選ぶという「確証バイアス」と呼ばれる間違いを起こします。

ここで、どうしてEと7が正解なのかを簡単に説明しておきましょう。「カードの片面に母音が書いてあれば、そのカードのもう一方の面には偶数が書いてある」という規則が成り立っているかどうかを調べるためには、その規則に反する事例があるかどうかを調べる必要があります。その規則に合致する事例をいくつ集めても、合致しない事例が存在するかどうかはわからないからです。

例えば、「ビールを飲んでいる人の年齢は二十歳以上である」という規則が、目の前にいる四人の中で成り立っているかどうかを調べたいとします。そのときに調べなければならないのは、二十歳以下なのにビールを飲んでいる人がいるかどうかです。そのとき、二十歳以上の人がビールを飲んでいるかどうかを調べても全く意味がありません。調べなければならないのは、ビールを飲んでいる人の年齢と、二十歳未満の人がビールを飲んでいるかどうかです。

ここで、「ビールを飲んでいる」を「母音」、「二十歳以上」を「偶数」と置き換えてみます。そうすると二つの問題が論理的に同じ問題だとわかります。そして、ビールの例からもわかるように、調べるべきカードは、「ビールを飲んでいる（母音）」のカードと、「二十歳未満（奇数）」のカードだということがわかるでしょう。

これまでの研究では、ビールの例のように、課題をより現実的で具体的なものにしたり、現実の経験に直接結びついたものにすることによって、正答率が飛躍的に向上することが知られています。これに対して、コスミデスは、正答率を向上させたこれらの原因が、実は社会的交換を行う動物としての人間（つまり社会的ジレンマの中で暮らしている人間）の心のしくみに組み込まれた、「裏切り者探索モジュール」の存在を意味することを証明しようとしました。

彼女はこのことを、カードの内容を、集団の中で掟を破っている人間がいるかどうかを見つけるというかたちに置き換えると、正答率が飛躍的に向上することで示しています。つまり、「母音の裏は偶数」という規則が成立していることを知るために必要なカードについての正答を導けない人も、ある規則を破っている人がいないかどうかについて問われると、正しいカードを示すことができるようになるというのです。

このコスミデスの研究結果の解釈についてはいくつかの疑問が提出されていますが、ここで重要なのは、私たちの心には社会的ジレンマの解決に必要なメカニズムが組み込まれているというコスミデスの主張であり、社会的ジレンマ場面で多くの人々が一見非合理的に行動するのは、人々がそのようなメカニズムにもとづいて行動しているからだという主張です。

そしてさらに、私たちの心にそのようなメカニズムが組み込まれているのは、それが進化の過程で選択された結果であるという主張です。

そのような心のメカニズムを持った人間は、実験室におけるカード問題の正答率は低くなってしまうかもしれませんが、現実の社会的交換場面では大きな利益を得ることができるはずです。

このような心のしくみは、ここで紹介した４枚カード問題における正答率の低さから見てもわかるように、「合理的な」判断を下すのに適したしくみではありません。このことは、合理的でない判断を下す心のしくみを身につけた人間が、合理的な心の持ち主よりもより大きな利益を得ることが可能な社会的環境が存在している、あるいは存在してきたことを意味するものです。

私たちの知らない「本当のかしこさ」

次の第5章では、筆者たちが中心となって行ってきた実験研究を紹介する中で、コスミデスが主張する「裏切り者探索モジュール」を含む、社会的ジレンマ解決のためのモジュールである「社会的交換モジュール」について、もっと具体的な話をするつもりです。

その前にここでとりあえず理解しておいていただきたいのは、人類は数百万年にわたると考えられる長い進化の歴史の中で繰り返し社会的ジレンマの問題に直面し、そして社会的ジレンマ問題の解決に成功してきたということです。

もしそうでなければ、つまり集団で協力しあって行動することに成功してこなかったとすれば、個体としては他の動物に勝るとは考えられない人類が、これほどまでの繁栄を達成することはできなかっただろうと考えられます。もちろん解決に失敗した社会的ジレンマもたくさんあったでしょう。しかし失敗よりも成功の方が多かったことは、現在の人類の繁栄が証明しています。

そして人類が繰り返し社会的ジレンマ問題の解決に成功することができたのは、私たちが意識していない「本当のかしこさ」を、私たちが進化の過程で獲得してきたからです。つまり、社会的ジレンマの多くは通常の「かしこさ」によっては解決できない、行動のコントロールの問題ですが、社会的ジレンマ場面で起動される社会的交換モジュールの働きが、私たちの行動を直接にコントロールして解決に導いているのだと考えられます。社会的交換モジュールが具体的にどのように働くかは、次の第5章で紹介する予定です。

社会的ジレンマ問題と同様、コミットメント問題も通常の「かしこさ」では解決できない問題です。そして人類はコミットメント問題を解決するための方法も、進化を通して獲得してきたと、先に紹介したフランクは考えています。その方法とは感情です。

感情とは、合理的な損得勘定を忘れて行動するように、人間の行動をコントロールするメカニズムなのだとフランクは主張しています。少し前に紹介した、合理的なAさんと感情的なBさんの話を思い出してください。Aさんはその場その場では自分の利益が大きくなるように行動します。Bさんは、感情にかられると自分の利益を無視した行動をします。

この合理的なAさんは、必ず復讐することでまわりの人間が自分を搾取するのを思いとどまらせるというコミットメント問題を解決できません。感情的なBさんは、このコミットメント問題を解決できるでしょう。

フランクは怒りの感情だけではなく、愛情や正義感、思いやりなどの様々な感情が、それぞれ特定のコミットメント問題の解決に役立つことを示しています。私たちはよく、感情的な人は「おろかな」行動をすると考えています。たしかに、感情的な人は、自分の利益に反する行動を取ってしまいがちです。しかし、個々の行動の結果だけではなく、もっと長い目で見ると、感情的に行動している人の方が、冷静に合理的に行動している人よりも大きな自己利益を達成しているかもしれないのです。

少なくとも、感情を全く持ち合わせていない人は、自分の利益を大きくするという合理的な行動さえ取らないでしょう。自分の利益を大きくしたいという感情そのものを持ち合わせていないのですから。

私たちはふつう、感情の働きや社会的交換モジュールの働きを非合理的な心の働きであると考え、そういった心の働きに従って行動する人間を「おろかな」人間と考えています。しかしそれらは人間の知能と同様に、進化が人類に与えてくれた贈り物――コミットメント問題や社会的ジレンマを解決するための本当のかしこさの源――なのかもしれません。

私たちはふだん、この意味での「本当のかしこさ」が表面的な「おろかさ」の中に隠されていることに気づいていません。そのため、例えば社会的ジレンマの解決方法を探るにあたっても、通常の「かしこさ」だけに目を向けてしまいがちです。しかし合理的な「かしこさ」だけでは社会的ジレンマの解決に不十分なことははっきりしています。

第5章

「かしこさ」の呪縛を超えて

1　まわりが気になるのはなぜ？

自分だけ馬鹿を見るのは嫌だ

本章では、まず、社会的ジレンマや囚人のジレンマに代表される社会的交換場面に直面すると、私たちは自分で意識しないまま、「社会的交換モジュール」の下した判断に従って、状況を特定のしかたで判断し特定の行動を取ってしまう場合が多いことを、いくつかの実験の例を使いながら説明することにします。

この点を考えるための出発点は、社会的ジレンマの実験や囚人のジレンマの実験をしていると、かなり多くの実験参加者が、「みんなが協力するなら自分も協力するが、誰も協力しないのに自分一人だけ協力して馬鹿を見るのは嫌だ」という原理を使って行動しているという点です。

皆さんも、自分が社会的ジレンマに直面して、同じように感じたり考えたりしたおぼえがあるのではないでしょうか。例えば結婚生活は、結婚している人たちにとっては最も身近な社会的ジレンマの場面です。そもそも人々が結婚するのは、独身でいるよりもいろいろな点で有利だからです。特に子供が欲しい人にとっては、一人身のままで子育てをするのは大変です。男性の場合には、一人身のままでは子供を手に入れることさえできません。

しかし、結婚生活が独身生活よりも好ましい結果をもたらすのは、夫婦がお互いに協力しあい助けあっている間だけです。夫婦の一方が身勝手な行動ばかりを取っていれば、つまり非協力行動を取り続ければ、もう一方は「自分だけ馬鹿を見ている」と思って、身勝手な行動を取っている相手にやさしく接しようとは思わなくなってしまうでしょう。そしてお互いに相手に対する思いやりを忘れ、相手を恨んでばかりいるようになっては、結婚生活を続けていく意味はなくなってしまいます。それぐらいなら別れてしまった方が、お互いに満足のいく生活ができるというものです。

というわけで、結婚生活においても、相手が自分に対して思いやりを持ってやさしく接してくれている間は、自分も相手に対してやさしい気持ちになれます。しかし相手が身勝手な行動ばかりしているのに、自分ばかりが苦労して結婚生活を支えているのでは馬鹿らしく感じられるでしょう。ここで、「相手が協力するなら自分も喜んで協力する。しかし相手が協力しないのであれば、自分一人だけ協力するのは馬鹿らしい」と思う心の働きを、「みんながするならの」原理、あるいはそれを縮めて「みんなが」原理と呼ぶことにします。

例えば掃除当番にあたった仲間が全員掃除をしている場合には不満に思わないのに、さぼっている人がいるのにまじめに掃除をしていると馬鹿らしく思えてくるという場合にも、同じような「みんなが」原理が働いていると考えられます。

この「みんながするならの原理」と呼ぶこともできます。「みんなが」原理は、逆の側から見れば「自分だけ馬鹿を見るのは嫌だの原理」あるいは「みんなが」原理と呼ぶこともできます。もう少しスマートでわかりやすい呼び方はないものかと考えたのですが、残念ながら思いつかなかったので、ともかくここでは「みんなが」原理と呼ぶことにします。

「みんながするなら」の原理と互恵性原理

この結婚生活の例を考えてみればすぐにわかるように、「みんなが」原理は、「長いものには巻かれろ」というかたちでの、自分の意に反した行動を多数派の圧力によって押し付けられ、多数派の行動に同調するのとは全く違います。夫婦がお互いに相手に対してやさしい気持ちになるのは、相手から、あるいはまわりの人たちからそうするように強制されるからではなくて、自分の中から自然に生まれてくる気持ちです。ただし相手が自分勝手なことばかりしていては、そんな気持ちにはならないでしょう。相手が、あるいはまわりの人たちが協力している限りは自分も協力したい気持ちになる、しかし相手が非協力的な行動を取るのであれば、相手に対して協力したい気持ちがなくなってしまうというのが、「みんなが」原理が「同調」と区別される点です。
「みんなが」原理は、学術的な論文では「互恵性原理」とか「社会的交換ヒューリスティック」と呼ばれています。本書で「互恵性原理」という一般によく使われている言葉を避けて、「みんなが」原理という言葉を使うことにしたのは、「互恵性原理」という言葉では「応報戦略」と区別がつかなくなる可能性があると考えたからです。

互恵性原理とは、お互いに協力行動には協力行動で報い、非協力行動には非協力行動で報いるという行動原理です。その一番純粋なかたちは、第2章で紹介した「応報戦略」です。応報戦略は、相手の前回の行動をそのまま相手に返す戦略なので、協力には協力が、非協力には非協力が返されます。しかし応報戦略は、自分の行動によって相手の行動を変えさせることを目的としているという点で、互恵性原理よりも狭い概念だと言えます。相手が協力してくれたときには自分もつい協力したい気持ちになるというのは、互恵性原理には含まれますが、応報戦略には含まれません。

つまり、応報戦略は相手の行動を変えさせることを目的として意識的に採用される戦略であり、互恵性原理にもとづく行動には、意識的ではなく、ついそういう気持ちになってしまうという、無意識の行動原理も含まれています。本書で「みんなが」原理という言葉を使うことにしたのは、互恵性の中でも意識的ではなく無意識的に働く側面を強調したいと思ったからです。

筆者は学術的な論文では、互恵性の中でのこの側面を強調するために、「社会的交換ヒューリスティック」という言葉を使っています。ヒューリスティックというのは、認知心理学では、直感的な意思決定方略として定義されています。社会的交換ヒューリスティックというのは、囚人のジレンマや社会的ジレンマなどの社会的交換場面になるとつい使ってしまう、意思決定のルーチンだと考えてください。

社会的交換場面とは、囚人のジレンマや社会的ジレンマのように、お互いに協力しあってうまくいく可能性があると同時に、相手に裏切られたり利用されたりしてひどい目にあってしまう可能性もある場面です。そういった場面に直面すると、私たちはその状況を細部にわたって吟味してから、協力するかしないかを合理的に判断するというよりは、相手が協力してくれそうかどうかを直感的に判断して、相手が協力してくれそうに思われる場合には自分も協力することが多いでしょう。そういった場合には、私たちは社会的交換ヒューリスティックに従って行動しているのです。

本書で「みんなが」原理と呼んでいるのは、別の場所で「社会的交換ヒューリスティック」と呼んでいる内容と同じです。「社会的交換ヒューリスティック」という言葉は読者には何だか難しそうに聞こえるし、長すぎてうっとうしい言葉なので、ここではそれに代わって「みんながが」原理という言葉を使うことにしました。

この章では、この「みんなが」原理こそが、人類を生き延びさせ繁栄させてきた社会的交換モジュールの基本的な働きではないだろうか、という点について考えてみます。

まわりが気になる

これまでに行われた膨大な数の囚人のジレンマ研究や社会的ジレンマ研究で明らかにされた最も重要な発見の一つに、実験参加者が協力行動を取るかどうかは、他の参加者が協力行動を取ると期待するかどうかに大きく依存するという事実があります。

他人の行動を気にするというのは、第２章で紹介したように、繰り返しがある囚人のジレンマでは、応報戦略という点から十分に理解できます。しかしこれまでの研究では、繰り返しのない一回きりの囚人のジレンマや社会的ジレンマの実験でも、他の参加者の行動への期待が本人の行動に大きく影響することが知られています。

つまり、これまで世界各国で実験に参加した人たちの多くは、「皆が協力するのなら自分も協力行動を取りたいが、皆が協力しないのに自分だけ協力して馬鹿を見るのは嫌だ」と考えているようです。

もちろん、実験参加者の中には、他に誰も協力しなくても自分は協力する聖人のような人もいます。逆に、いくらまわりの人たちが協力していても、自分の損になるのなら協力しようとしない、経済学者やゲーム理論家が想定している徹底的な利己主義者もいます。しかし、実験に参加した人たちの大多数は、皆が協力するかぎり自分も協力するという、まわりが気になる人たちです。

このことを示す実験をこれからいくつか紹介しますが、まず最初に紹介するのは、一回きりの囚人のジレンマに参加した人たちに、どの結果が望ましいと思うかを直接に尋ねた実験です。

相手の出方に合わせる安心ゲーム

囚人のジレンマ実験に参加した人たちに結果の望ましさについて尋ねてみると、面白いことがわかります。例えば次の囚人のジレンマの実験を考えてみてください。この実験では、二人の実験参加者AとBにまず、それぞれ五〇〇円ずつが実験参加のお礼として渡されます。次に二人はそれぞれ、自分に与えられた五〇〇円を相手に提供するかどうかを決めます。自分が五〇〇円を提供すると、相手はその倍の一〇〇〇円をもらうことができます。

二人の参加者が五〇〇円を相手に渡すかどうかの決定をすませた後で、参加者に対して、「自分も相手も五〇〇円を渡しあった場合」「自分は五〇〇円を渡さないで相手が五〇〇円を渡してくれた場合」「自分は五〇〇円を渡したのに相手が渡してくれなかった場合」「二人とも五〇〇円を渡さなかった場合」に、それぞれどれくらい満足できたと思うかを尋ねました。なお、この実験は、日本とアメリカで実施されています。

さて、この質問に対する回答を分析すると、日本人の場合にもアメリカ人の場合にも、実験に参加した人たちは、相手が協力してくれているかぎりは、相手を裏切って一五〇〇円をもらうよりも、自分も協力することで一〇〇〇円をもらうという結果により大きな満足を感じていることがわかりました。この結果は、一〇〇〇円しかもらえなくても、相手が協力しているかぎりは自分も協力した方が、相手の協力につけ込んで一五〇〇円をもらうよりも満足できると考えている人たちがたくさんいることを示しています。

一方、相手が協力してくれていない場合には、自分だけ協力するよりは、互いに非協力行動を取りあっている状態の方が望ましいと、ほとんどの人が考えていることも明らかにされています。

このような、相手が協力行動を取っているかぎりは協力した方が望ましい、しかし相手が非協力行動を取っている場合には協力行動よりも非協力行動を取る方が望ましいという状態は、ゲーム理論家が「安心ゲーム」と呼んでいる状況です。ただし「安心ゲーム」といっても、読者には何のことだかわかりにくいし、囚人のジレンマ・ゲームと区別がつきにくくなってしまう可能性があるので、ここでは「みんなが」状況と呼ぶことにします。みんなが協力しているかぎりは自分も協力した方がいい、しかしみんなが協力していないなら協力しない方がいい、という状況です。

一人ではできないが、力を合わせればできる

もう少しちゃんと定義すると、「みんなが」状況とは、①相手が協力行動を取っているかぎりは非協力行動を取るよりも協力行動を取る方が自分にとって好ましい結果が得られると同時に、②相手が非協力行動を取っている場合には協力行動よりも非協力行動を取る方が自分にとって好ましい結果が得られる状況です。

例えば、ある二人が共同の敵と戦っている場面を考えてみてください。敵は猛獣でも、乱暴者でもかまいません。二人で力を合わせればこの敵に勝つことができます。しかし一人が逃げ出してしまえば、敵に勝つことができません。

この場面では、二人で力を合わせれば敵に勝つことができるわけですから、相棒が逃げ出さないという保証があるかぎりは、自分も逃げ出さないで一緒に戦った方が、逃げ出してしまうよりは望ましい結果を得ることができます。つまり、相手が協力行動（戦う）を取っているかぎりは、自分も非協力行動（逃げ出す）を取るより協力行動（戦う）を取る方が利益が大きくなるわけです。

しかし相棒が逃げ出してしまった場合には、一人で戦うよりは自分も逃げ出してしまった方が被害が少なくてすみます。つまり、相棒が非協力行動（逃げ出す）を取っている場合には、自分も非協力行動を取った方が協力行動（戦う）を取るよりも望ましい結果が得られます。

この例からもわかるように、一人ではできないが協力すれば可能な仕事をする場合に存在するのが、この「みんなが」状況です。仕事が達成されれば、何もしないでいる状態よりも望ましい結果が得られます。つまり、相棒が協力するという保証（安心）が存在しているかぎりは、自分も協力して仕事を達成した方が、何もしないでいるよりも大きな利益が得られます。しかし相棒が協力しない場合には、自分の協力行動は無駄になってしまい、仕事が達成できません。その場合には、一人で無駄な努力をするよりは、何もしない方がよっぽどましです。

これまで見てきた囚人のジレンマ状況は、たとえ相手が協力していても、自分にとっては非協力行動を取る方が協力行動を取るよりも大きな利益が得られる状況です。これに対して「みんなが」状況は、相手が協力しているなら、自分にとっても協力行動を取る方が大きな利益が得られる状況なのです。

共同で作業をするという例をもう一度使うと、自分が怠けていても他の人が作業をしてくれて、その成果のおこぼれにありつける状態が囚人のジレンマです。これに対して「みんなが」状況は、自分が怠けているといくら他人が作業をしても成果があがらない状況です。成果をあげて利益を得るためには、他の人たちが熱心に作業しているかぎりは、自分も熱心に作業する必要があるからです。

先に紹介した実験での質問に対する回答のパターンは、囚人のジレンマ実験に参加した人たちが、主観的には、その状況を囚人のジレンマ状況ではなく、「みんなが」状況として理解していたことを示すものです。つまり、実験そのものの構造は、怠けていても他人の努力に「ただ乗り」できる状況（＝囚人のジレンマ）であるはずなのに、実験に参加した人たちの多くは、その状況を「ただ乗り」ができない「みんなが」状況として理解していたということです。

この点を理解すれば、これまで私たちが「みんなが」原理と呼んできたものは、囚人のジレンマ状況に直面した人が、主観的にはその状況を「みんなが」状況として理解してしまうことを意味するのだということがわかるはずです。つまり、囚人のジレンマに直面する人たちは、多くの場合、直感的にその状況を「みんなが」状況として理解し、皆が協力するなら自分も協力した方が満足できると考えているということです。

このことを、ここでは「囚人のジレンマの安心ゲームへの主観的変換」と呼ぶことにします。ここで専門用語の「安心ゲーム」という言葉が復活してしまっていますが、「みんなが」状況と同じ意味だと理解しておいてください。囚人のジレンマが主観的には安心ゲーム（ないし「みんなが」状況）として実験参加者に理解されているという結果は、ここで紹介した実験だけではなく、日本やアメリカで行われた多くの実験によって繰り返し確認されています。

順序つきの囚人のジレンマ実験

さて、ここで紹介した実験の結果を読みながら、読者の皆さんは「なんだ、そんなの当たり前じゃないか」と思ったのではないでしょうか。相手の親切につけ込んで甘い汁を吸うよりは、相手の親切に応えてお互いに協力しあった方が好ましいと思うのは、普通に暮らしている「まっとうな」人間にとっては当たり前の感情じゃないか、と。

筆者が言いたいことも、実はそのことです。普通の人は、相手の親切につけ込んで甘い汁を吸うよりはお互いに協力しあって暮らす方が気持ちがよいと思っている、ということです。そしてそう思うことの裏には、実はちゃんとした理由があるのだということを、この章の後半で議論したいと考えています。実はそれこそが、私たちが進化の過程で身につけてきた「本当のかしこさ」なのだということです。

しかし、この実験結果については別の解釈も可能です。例えば、この実験結果、特に結果の満足度を尋ねた質問に対する回答は口先だけの話だという解釈です。つまり、「口で言うだけなら何とでも言えるサ」というわけです。実験に参加した人たちは実際には非協力行動を取ってしまうけれど、「その結果にどれくらい満足できますか」と尋ねられると、世の中で望ましいと考えられている答えを口にするだけかもしれません。

そういった疑問に応え、筆者の考えが正しいことを説得するためには、先に紹介した、相手に五〇〇円を渡すかどうかの実験で参加者が口にしたのと一貫したパターンが、実際の行動にも反映されていることを示す必要があります。そこで私たちは、次の「順序つき囚人のジレンマ」の実験を行いました。

通常の囚人のジレンマ実験では、二人の参加者が、お互いに相手の選択を知らないまま、それぞれが協力行動を取るか、それとも非協力行動を取るかを決定します。これに対して順序つきの囚人のジレンマ実験では、一人の参加者がまず協力行動を取るか非協力行動を取るかを決め、その結果を二番目の参加者に知らせたうえで、二番目の参加者が協力行動を取るか非協力行動を取るかを決定します。

誤解のないように最初にはっきりさせておきますが、この順序つきの囚人のジレンマは、繰り返しのない一回きりの囚人のジレンマです。最初に決定する第一プレイヤーも、二番目に決定する第二プレイヤーも、それぞれ一回しか協力行動を取るか非協力行動を取るかの決定をしません。

従ってこの順序つき囚人のジレンマでは、第一プレイヤーも第二プレイヤーも、応報戦略を取ることで相手の行動を変えさせることができません。そもそも第一プレイヤーにとっては、相手が協力行動を取るか非協力行動を取るかがわかっていないので、相手の行動に合わせる応報戦略を取ることができません。第二プレイヤーは相手（第一プレイヤー）が協力行動を取ったか非協力行動を取ったかがわかっていますが、相手の非協力行動に対して自分も非協力行動を取ったからといって、そのことによって相手の行動を変えさせることはできません。相手（第一プレイヤー）はすでに行動を決定してしまっているからです。

というわけで、これから紹介する順序つき囚人のジレンマの実験では、第一プレイヤーにとっても第二プレイヤーにとっても、相手の行動を気にするのは、応報戦略を使って相手の行動を変えさせるという理由によるものではないことがはっきりしています。

実験は日本とアメリカで行われました。実験に先立って、参加者には、それぞれ五〇〇円（アメリカでは五ドル）が実験参加のお礼として与えられました。また、韓国でも同じ実験が、キサク・チョーさんとビュンイル・チョイさんによって実施されているので、その結果もあわせて紹介します。韓国では四〇〇〇ウォンが参加のお礼として、参加者にまず渡されました。

実験ではまず、第一プレイヤーが、自分に与えられたお礼の五〇〇円を、第二プレイヤーのために提供するかどうかを決定します。もし第一プレイヤーが五〇〇円を提供すれば、第二プレイヤーにはその倍の一〇〇〇円が与えられます。その場合には、もちろん、第一プレイヤーは自分の五〇〇円をなくしてしまいます。

第一プレイヤーが五〇〇円を提供するかどうかの決定を行った後、第二プレイヤーには、第一プレイヤーが五〇〇円を提供したかどうかが知らされます。第二プレイヤーはその後で、五〇〇円を提供するかどうかを決定します。提供された五〇〇円は倍の一〇〇〇円となって第一プレイヤーに与えられます。

本音を探る

それでは、実際に実験参加者がどう行動したかを見てみましょう。この実験に参加した人たちは、この囚人のジレンマの実験状況を「みんなが」状況として理解して、「みんなが」原理に従って行動したでしょうか。

先の実験の結果が参加者の本音を示しているとすれば、この実験の参加者は、相手が非協力行動を取っている間は非協力行動を取り、相手が協力行動を取れば協力行動を取るはずです。もし経済学者やゲーム理論家が考えているように、先の実験の結果が口先だけのものであれば、参加者は相手の行動に影響されず、常に非協力行動を取るはずです。そして、このどちらの解釈が正しいかは、第二プレイヤーの行動を調べてみればわかるはずです。第一プレイヤーが協力行動を取ったかどうかがわかったうえで、第二プレイヤーが行動を決めているからです。

それでは、第二プレイヤーは実際にはどう行動したでしょう。相手（第一プレイヤー）が五〇〇円を提供していないことがわかったうえで自分の五〇〇円を提供しようという人の好い第二プレイヤーは、日本人の場合には一割程度、アメリカ人の場合にはゼロ、韓国人の場合にもゼロでした。この結果は、相手が非協力行動を取っているのに自分は相手に協力するという聖人のような人は、まれにしか存在していないことを示しています。

それでは、相手が協力行動を取ったこと、つまり五〇〇円を提供してくれたことがわかっている場合はどうでしょう。

この場合にも、五〇〇円を提供しないで手元に残しておく方が合理的な行動、つまり自分の利益を大きくする行動です。しかしこの場合には、この意味で合理的に行動する実験参加者は少数派でした。具体的には、協力してくれている相手に対して五〇〇円を提供しなかった第二プレイヤーの比率は、日本人の場合には二五％、アメリカ人の場合には三九％、韓国人の場合には二七％だけでした。逆に言えば日本人参加者の七五％、アメリカ人参加者の六一％、韓国人参加者の七三％が、自分にとって不利な行動である相手に五〇〇円を提供するという協力行動を取っていました。

つまり、相手が協力してくれているのにつけ込んで甘い汁を吸おうという筋金入りの利己主義者は、この実験の参加者の三割前後しかいないという結果でした。

残りの六割から七割の実験参加者たちは、相手が協力しているかぎりは自分も協力する、しかし相手が協力してくれないのなら自分も協力しないという、「みんなが」原理に従って行動している人たちだということになります。つまり、六割から七割の人たちにとっては、相手が協力しているかぎりは自分も協力的に行動する方が非協力行動を取るよりも満足がいくという、先の実験に参加した人たちの答えが、口先ではなく彼らの本音を示していたのだということがこの実験の結果からわかります。

それでは次に、第一プレイヤーがどう行動したかを見てみましょう。ただしその前に、第一プレイヤーにとって、協力行動を取った方が自分にとっての利益が大きくなるのか、それとも非協力行動を取った方が自分の利益が大きくなるのかを、ちょっと考えてみることにします。

もし第二プレイヤーが、多くの経済学者やゲーム理論家が考えるように、自分の利益だけを考える「合理的な」人間であるとすれば、第一プレイヤーにとっては、非協力行動を取った方が協力行動を取るよりも利益が大きくなります。相手が常に非協力行動を取ると仮定すれば、第一プレイヤーにとっての利益は、非協力行動を取れば五〇〇円、協力行動を取ればゼロになってしまうからです。

しかし先に見たように、多くの人たちは、自分の利益だけを追求して常に非協力行動を取るわけではありません。この実験での第二プレイヤーの行動が示しているように、多くの人たちは、相手が協力すれば自分も協力するし、相手が非協力行動を取れば自分も非協力行動を取ります。

ここで、日本、アメリカ、韓国のデータの中間を取って、相手が協力行動を取った場合には第二プレイヤーの七割が協力行動を取るとします。ということは、第一プレイヤーにとっては、自分が五〇〇円を提供すれば七割の確率で相手（第二プレイヤー）は五〇〇円を提供してくれますから、五〇〇円を提供したときに自分が得る金額の期待値は、一〇〇〇円（相手が五〇〇円を渡してくれたときにもらえる金額）×〇・七（相手が五〇〇円を渡してくれる確率）＝七〇〇円になります。

これに対して五〇〇円を提供しない場合には、相手が五〇〇円を提供してくれる確率はほとんどありません。ここではその確率を多めに見積もって一割と考えます。そうすると、五〇〇円を提供しない場合には、手元に残しておいた五〇〇円に、相手からもらう可能性のある一〇〇〇円×〇・一（相手が五〇〇円を渡してくれる確率）＝一〇〇円を足した六〇〇円が、第一プレイヤーが得る期待金額となります。

ということは、この実験に第一プレイヤーとして参加した人にとっては、五〇〇円を相手に提供する協力行動を取った方が、そのお金を手元に残しておく非協力行動を取った参加者よりも、平均では一〇〇円分だけ得をすることになります。

教授よりも学生の方が「かしこい」

さて、先に紹介した実験の結果は、少なくとも第一プレイヤーに関して言えば、自分の利益を犠牲にして相手のために協力する（五〇〇円を提供する）という一見非合理的な行動を取る方が、あくまでも自分の利益だけを追求するという合理的な行動を取るよりも、多くの報酬を稼ぐことができることを示しています。

もちろん、第二プレイヤーの行動についての実験結果をあらかじめ知らされていれば、相手に五〇〇円を渡すという第一プレイヤーの行動はきわめて合理的な行動です。しかしこの実験では、第二プレイヤーが実際にどう行動するかを第一プレイヤーは知りません。それにもかかわらず、多くの第一プレイヤーは協力行動を選択しました。

第一プレイヤーが実際にどう行動したかについてはまだお知らせしていませんでしたが、日本人の八三％、アメリカ人の五六％、韓国人の五五％が、五〇〇円を渡すという協力行動を取っていました。

この実験の結果は、社会的ジレンマにおいても、自分の利益を犠牲にする非合理的な行動が、自分の利益を徹底的に追求する合理的な行動よりも、それぞれの個人にとって有利な結果をもたらす場合があることを示しています。

一九八〇年代までの社会的ジレンマ研究では、利己主義を徹底させる方向で社会的ジレンマ解決が可能となると考えられてきました。そしてその背景には、自分自身の利益を度外視して他の人たちのためになる行動を取りなさいというお説教（あるいは教育）は、基本的には人間性に反する行動を強制しようとすることであり、失敗せざるをえないだろうという観点が存在しています。そしてそのような教育の効果に対する悲観的な観点は、社会主義社会における思想教育によっても国営企業の非効率を解決できなかったという、歴史上の教訓によって支えられています。

しかし先に紹介した実験の結果は、自分の利益を徹底的に追求して合理的に行動するよりも、「みんなが」原理に従って非合理的に行動する場合の方が、本人にとって有利な結果を生み出す可能性があることを示しています。このことは、社会的ジレンマ解決のための教育の意味を全く変えてしまうかもしれません。

人間は合理的だと考えている「かしこい」経済学者やゲーム理論家は、この実験で第一プレイヤーになれば非協力行動を取るでしょう。そうすれば相手はほとんど誰も五〇〇円を提供してくれないため、結局は五〇〇円をほんの少し上回る程度のお金しか平均して稼ぐことができないはずです。これに対してこの実験に実際に参加した普通の学生たちの多くは第一プレイヤーとして五〇〇円を提供しており、平均してかなりの「見返り」を相手から受け取っています。

ということは、「かしこい」経済学者やゲーム理論家よりも、普通の学生の方が、この実験では多くの利益をあげることができるのです。

この結論は、第2章七六頁で紹介した、ジョルジオ・コリセリ、ケビン・マッケーブ、バーノン・スミスという三人の実験経済学者が行った実験の結果と一貫しています。この実験では、自分の利益を徹底的に追求するかたちで「合理的に」行動した経済学の大学教授たちが得た利益は、「みんなが」原理に従って直感的に行動した普通の学生たちが得た利益を大幅に下回ることになってしまいました。

この実験に参加した経済学の大学教授たちの行動を変えさせ、協力的な行動を取るようにさせるためには、彼らの道徳心に訴えるよりも、そうすることが彼ら自身の利益になるのだということを理解してもらう方が有効でしょう。「みんなが」原理に従って行動することが有利な状況では、教育や説教を通して人々に愛他主義を叩き込む必要はありません。「みんなが」原理の有利さを教え、なぜそれが有利なのかを教えてあげれば、人々は自ずから「みんなが」原理に従った行動を取るようになるはずです。

2 「みんなが」原理を生かす集団

協力する人間はぼんやり人間か？

さてこれで、囚人のジレンマに直面した人たちの多くが、協力してくれる相手を搾取するよりは、相手が協力してくれるなら自分も協力したいと思っていることがわかりました。さらに、多くの人たちはただそう思っているだけではなくて、相手が協力してくれる場合には実際に協力行動を取ること、つまり彼らの答えが「口先だけのもの」ではないことも実験結果で示されています。

ゲーム理論家や経済学者のように、人間は自分の利益だけを追求して「合理的に」行動するという前提から囚人のジレンマや社会的ジレンマの問題を考えているかぎり、こういった実験結果を説明できません。また、一回きりの囚人のジレンマで協力する人間がいるという実験結果も説明できません。

というわけで、一回きりの囚人のジレンマでもかなりの数の実験参加者が実際に協力行動を取るという実験結果をつきつけられると、彼らは困ってしまいます。そこで、一回きりの囚人のジレンマで協力する実験参加者がいるという事実を説明するために、実験で支払われる報酬金額があまり大きくないので、実験参加者は実験状況をちゃんと理解しようとせずに、いいかげんに行動したのだろうと言い訳をします。

例えばエルダー・シャフィールとエイモスト・ヴァースキーの二人は、一回きりの囚人のジレンマで協力行動を取る人たちは実験の内容を正しく理解していない人たちで、そのため、いくら自分が協力行動を取っても相手の行動を実際には変えることができないのに、そうできると誤解してしまっているのだと考えました。つまり、一回きりの囚人のジレンマを、繰り返しのある囚人のジレンマと混同してしまい、間違って応報戦略を使ってしまったために協力行動を取ったのだと考えたのです。

そこでこの二人は、そういった混乱を取り除いてやれば、一回きりの囚人のジレンマ実験で協力行動を取る人はいなくなるだろうと考えました。相手がすでに協力行動を取るか非協力行動を取るかを決定してしまっていることがわかれば、自分が協力すれば相手も協力するとか、自分が非協力行動を取れば相手も非協力行動を取るようになるといった混乱がなくなるだろうと考えたのです。

つまり、順序つき囚人のジレンマにして、相手がすでに決定してしまっていることを参加者に教えてやれば、自分の行動が相手の行動に影響を与える可能性が全く存在しないことが明白になるので、協力行動を取る参加者はいなくなるだろうと考えました。

そこでシャフィールたちは順序つきの囚人のジレンマ実験を行いました。そしてその実験で、二人の参加者が同時に決定を行う通常の囚人のジレンマでは三七％あった協力率が、相手がすでに協力行動を取ったことがわかっている順序つきの囚人のジレンマでは一六％まで低下するという結果を得ています。この結果にもとづいて、シャフィールたちは、一回きりの囚人のジレンマで協力行動を選択する人がいるのは、やはり彼らが混乱していたからだという結論を出しています。

「みんなが」原理が働く場面は？

さて、この実験についての説明を読みながら、読者の皆さんは「あれ、変だな」と思ったのではないでしょうか。というのは、先に紹介した、私たちが行った順序つき囚人のジレンマ実験の結果と、シャフィールたちの結果とが違っているからです。私たちが行った順序つき囚人のジレンマ実験では、第一プレイヤーが協力行動を取ったことがわかっている場合には、第二プレイヤーが協力行動を取る割合が大きくなっています。

一回きりの囚人のジレンマで実験参加者が協力するのは、彼らが混乱していて、自分が協力すると相手も協力するようになるとつい思ってしまうからだというシャフィールたちの説明が正しいとすれば、私たちの実験結果は説明できません。

私たちはもともと、順序つき集団のジレンマの結果について、シャフィールたちとは全く相反する予想をしていました。つまり、相手が協力行動を取っていることがわかれば、第二プレイヤーの協力率は高くなるだろうと予想したのです。

この予想は、次のような理由にもとづいています。第2章でプルイットとキンメルの研究を紹介しながら、社会的ジレンマや囚人のジレンマで人々が協力行動を取らないのは、自分は協力する気はあっても相手が協力してくれないのではないかと心配になるからだということを説明しましたが、相手がすでに協力行動を取っていることがわかれば、この心配はなくなります。そのため、相手の行動がわからないときには自分一人だけ馬鹿を見るのは嫌だと思って協力しない人も、相手が協力行動を取っていることがわかれば協力するようになるはずです。

少し違った言い方をすると、シャフィールたちは一回きりの囚人のジレンマでの協力行動が実験参加者の誤解にもとづくものだと考えましたが、筆者は、実験参加者がついそのような誤解をしてしまうのは、私たちの心の中にある「みんなが」原理の引き金が引かれるからだと考えています。一度引き金が引かれて「みんなが」原理が働くと囚人のジレンマが「みんなが」状況へと主観的に変換され、協力行動を取った方がいいような気がしてしまうのです。

ついやってしまう

こう考えると、一回きりの囚人のジレンマで協力行動を取る人たちは状況を誤解しているという点では、筆者の考えはシャフィールたちの考えと紙一重です。筆者の考えがシャフィールたちの考えと違う点は、この誤解が、実験に参加した人たちのいいかげんさにもとづく単純な誤解なのではなく、「みんなが」原理という「本当のかしこさ」を生み出す心の働きの結果であると考えている点にあります。

第４章で説明したように、私たちの心は自分で意識しないまま勝手に情報処理をする認知モジュールから構成されています。そしてそれぞれの認知モジュールは、進化の過程で私たちの先祖が直面してきた適応課題を解決するのに適したしかたで情報を処理し、私たちの行動を導きます。

そして筆者は、コスミデスに代表される進化心理学者が主張しているように、私たちの社会的な行動は多くの場合、「社会的交換モジュール」の働きに左右されていると考えています。私たち人間は、集団の中でお互いに協力しあうことで繁栄の基を築いてきましたが、その過程で直面することになった社会的ジレンマの解決を可能とするモジュールです。

その具体的な内容についてはまだ十分に解明されていませんが、筆者はその中心にあるのが

「みんなが」原理であり、同時にコスミデスが強調している「裏切り者を捜せ」の原理だと考えています。つまり、直接の相手やまわりの人たちが協力行動を取っているかどうかに気をつかいながら（つまり裏切り者がいないかどうかを捜しながら）、相手やまわりの人たちが協力行動を取っているかぎりは自分も協力的に行動した方がいいと思うようにさせるモジュールです。

第4章で紹介したように、社会的交換モジュールに従う情報処理は、現実場面での問題解決の役には立ちますが、抽象的な問題の解決には役立たないという特徴があります。第4章では、コスミデスが行った4枚カード問題の例を使ってこの点を説明しておきました。つまり、認知モジュールは進化の過程で特定の適応課題を解決するのに適切な心の働きであり、その働きが「領域特定的」である点に特徴があります。

問題を社会的交換モジュールにかぎれば、それが解決すべき適応課題は社会的ジレンマで相互協力関係を形成するという適応課題です。ということは、社会的交換モジュールが活性化されやすいのは、人々が自分の直面している状況を社会的ジレンマの状況だと理解する場合だと考えられます。逆に言えば、状況が現実とは疎遠な抽象的な場面であるとか、現実を棚上げにしたゲーム場面だと理解すれば、社会的交換モジュールは活性化されにくいだろうと考えられます。

つまり、社会的交換モジュールの重要な構成要素と考えられる「みんなが」原理は、実験状況が現実味を持ったものであればあるほど強く働くだろうと考えられます。実験の参加者が、自分たちが取る行動が自分たち自身にとって意味のある結果をもたらすのだということ、つまり実験の結果に応じて実際にお金をもらえるのだということを理解すればするほど、「みんなが」原理が活性化されるだろうと考えられます。

混乱は誰か？

この筆者の考えかたが正しいかどうかを調べるため、私たちは、実験参加者が真剣に実験状況を考える程度を変えることで、彼らの行動がどう変化するかを調べるための実験を行いました。

この実験では、二人が同時に決定を行う「同時条件」と、先ほど紹介した順序つきの囚人のジレンマでの第二プレイヤーの行動を調べる「相手先条件」という、二つの実験条件間での参加者の協力率が比較されました。「相手先条件」では、相手がすでに協力行動を取ったことが第二プレイヤーに知らされます。

この実験の結果は、私たちが先に行った実験の結果と一貫したものでした。相手先条件（協力率六二％）では同時条件（協力率三八％）でよりも協力率が高くなっています。シャフィールたちの結果とは反対の結果です。

次に、参加者に示す利得表の内容を、金額ではなく得点に変えて、同じ実験を行いました。利得表の内容が金額で表示されている場合には、その意味が直感的によく理解できます。例えば自分が協力行動を選んでいるのに相手が非協力行動を取ってくれれば、自分のもらえる報酬の額がゼロになってしまう、というふうにです。ところがこの実験では、自分が「もらえる報酬の額」を、自分が「もらえる得点」に変えてしまったのです。またこの実験では、参加者は自分がどちらの選択をしたかにかかわりなく、一定の「固定給」を実験参加のお礼として与えられました。

このようにすると、得点そのものには全く意味がないので、協力行動も非協力行動も全く意味がなくなってしまいます。そこでそうならないように、実験参加者には、「実験の目的は、皆さんがどのようにして自分の得点を最大にするかについて調べること」にありますと告げます。つまり、この実験の参加者は、「何だかよくわからないけど、ともかく自分の得点を大きくすりゃあいいんだな」というふうに理解して、協力行動と非協力行動のどちらを選ぶかを、あまり現実の問題としてまじめに考えようとはしないでしょう（実験では「協力行動」とか「非協力行動」といった言葉は使われていません。例えば「AとBのどちらを選びますか」といったふうに、ニュートラルな記号で選択肢が与えられています）。

金額を得点に変えたこの実験では、ほとんどの参加者が実験者から言われたとおり、自分の得点を最大化する行動、つまり非協力行動を選択しました。同時条件での協力率は一五％、相手先条件での協力率は二三％にすぎません。それでもなお、相手先条件での協力率は同時条件での協力率を上回っていました。

そこで次に、場面想定法を使った実験を行いました。参加者は実験の説明を読んで、「もしその実験に実際に参加したとしたら自分はどう行動したと思うか」を尋ねられます。この実験は授業の一環としてクラスの中で一斉に行われており、また実験に参加したことによる金銭的な報酬はいっさいありませんでした。この場面想定法を使った実験では、利得表は金額ではなく得点で示されています。つまり二番目の実験の説明を読んで、自分だったらこの実験でどちらを選択したかを考えてもらいます。

この実験の結果は、相手先条件での協力率は、同時条件での協力率三一％に対して一一％と、シャフィールたちの考えたように、同時条件での協力率を下回るものでした。

これらの実験結果から、結局何がわかるでしょう。それは、実験に参加した人たちは、実験での行動が自分たちにとってどうでもいいようなものである場合にだけ、シャフィールたちの考えているとおりに行動したということです。つまり、囚人のジレンマの結果によって報酬が変わってくるわけでもなく、ただ自分の得点を最大化するように実験者に言われたという状況を、これまたたんなる架空の話として聞かされて、そういった場合にあなたならどう行動するかと尋ねられた場合にだけ、同時条件での協力率が相手先条件での協力率を上回っていたわけです。

こうやって考えてみると、シャフィールたちの実験でなぜ同時条件での協力率が相手先条件での協力率を上回ったのかも理解できます。彼らが行った実験では、一人の参加者が何十回も決定を行い、そのうちのほんの数回の決定にもとづいて報酬金額が決定されるというやり方が取られていました。この実験に参加した参加者たちは、いいかげんに実験に飽きて、まじめに考えようとしなくなっていたのだと思われるからです。

逆に、囚人のジレンマでの行動が実際に自分と相手のもらえる金額を決定するという、自分たちの行動の結果が自分たちにとって意味のある状況では、混乱が少ないはずの相手先条件での協力率が、同時条件での協力率を大幅に上回っています。

これで、一回きりの囚人のジレンマでかなりの参加者が協力行動を取るのは、彼らが混乱していたり、ぼんやりしているからではないことがわかります。シャフィールたちの議論によれば、この結果はとても不思議な結果です。まじめに考える必要がある状況（実際にもらえる金額が参加者たちの行動によって決まってくる状況）では、混乱が減れば（つまり相手がすでに協力行動を取ることを決めてしまっている相手先条件では）、ますます非合理的に行動する（つまり協力行動を取る）ようになってしまったからです。

裏切り者を捜す「みんなが主義者」

これまで何度も述べてきたように、「みんなが」原理は、社会的環境への適応を促進するために私たち人類が進化させてきた心のしくみだと考えられます。ここでは、この点を確認するために、「みんなが」原理を持つことが本当に社会的環境への適応を促進することを、簡単なコンピュータ・シミュレーションを使って説明しておきます。

ここで、三種類の人たちがいる集団を考えましょう。まず最初の種類の人たちは、経済学者やゲーム理論家が想定している合理的な人間、つまり一回きりの囚人のジレンマでは必ず非協力を選択する人たちです。この人たちを「合理的利己主義者」と呼ぶことにします。

次の種類の人たちは、お人好しの全面的な協力者です。この人たちは、一回きりの囚人のジレンマで相手が誰であろうと常に協力行動を取ります。この人たちを「清貧主義者」と呼ぶことにします。どんな相手に対してであれ、非協力行動を取るなどという非道徳的な行動はしないという、道徳主義者だと考えてもかまいません。

三番目の人たちは「みんなが主義者」です。相手が合理的利己主義者であることがわかっていれば自分も非協力行動を取るが、相手が清貧主義者や「みんなが主義者」であることがわかっている場合には協力行動を取ります。

これら三種類の人たちが三分の一ずついる集団を考えてみます。そして、この集団で人々がばったり出会って、一回きりの囚人のジレンマ状況に直面すると考えてみましょう。例えば合理的利己主義者がもう一人の合理的利己主義者と出会って、一回きりの囚人のジレンマに直面する。あるいは清貧主義者が「みんなが主義者」と出会って、一回きりの囚人のジレンマに直面する。そういった場面を考えてみます。

そういった出会いを無数に繰り返していくと、最終的に三種類の人たちが手にする利益の大きさが決まってきます。このシミュレーションではまず、こういった、誰と出会うかわからない場面でたまたま出会った相手と一回きりの囚人のジレンマをプレイするという経験を繰り返すと、一番大きな利益を得るようになるのは誰なのかを考えてみます。

ちょっと考えると、一番大きな利益をあげることができるのは合理的利己主義者であるように思われます。毎回違った相手と出会って一回きりの囚人のジレンマを行うわけですから、応報原理が働く余地はありません。ということは、常に非協力行動を取る合理的利己主義者が、場合によっては協力行動を取ることのある「みんなが主義者」や、相手にかかわらず必ず協力行動を取る清貧主義者よりも大きな利益をあげるのは当たり前のように思われます。

もしそうであれば、「みんなが」原理に従って行動させるように私たちを導く心の性質を身につけていることは、私たちの適応にとって不利に働くことになります。少なくとも一回かぎりの囚人のジレンマに直面している人たちにとっては、「みんなが原理」は「お人好し」な行動を生み出してしまうことになります。

逆に言えば、このシミュレーションで「みんなが主義者」の方が合理的利己主義者よりも大きな利益をあげることがわかれば、「みんなが」原理に従って行動することが「本当のかしこさ」につながっていること、つまり社会的環境への適応にとって有利に働くことがわかるはずです。

合理的な人は損をする?

それでは、シミュレーションの結果はどうなったでしょう。その前に、このシミュレーションで用いた囚人のジレンマについて説明しておかなくてはなりませんね。このシミュレーションでは、自分に与えられた五〇〇円を相手に渡すと、相手はその倍の一〇〇〇円をもらえるという、囚人のジレンマを使うことにしました。

それから、「みんなが主義者」は、自分の相手がどんな人間なのかを見分ける必要があります。相手が非協力的な行動を取る人間であることがわかっていれば自分も非協力行動を取り、相手が協力行動を取りそうなら自分も協力行動を取るというのが、「みんなが主義者」の行動原理だからです。そこでまず最初に、「みんなが主義者」が相手を完璧に見分けられる場合について考えてみます。

シミュレーションの結果、ちょっと考えると一番大きな利益をあげることができそうな合理的利己主義者の平均利益は八三三三円でした。それに対して「みんなが主義者」の平均利益も同じ八三三三円で、「みんなが主義者」も合理的利己主義者も同じ大きさの利益をあげられることがわかりました。これに対して清貧主義者の平均利益は六六六七円で一番小さくなっています。

この結果を見るかぎり、「みんなが主義者」もまんざら捨てたものではないように思われます。合理的利己主義者と同じだけの利益をあげることができたわけですから。

合理的利己主義者と「みんなが主義者」の利益が同じになったのは、次の理由によります。利己主義者と「みんなが主義者」とがそれぞれ利己主義者を相手にした場合には、それぞれが得る利益は同じ五〇〇〇円です。いずれの場合もお互いに非協力行動を取りあうからです。これに対して清貧主義者を相手にした場合には、利己主義者が一五〇〇〇円を得るのに対して「みんなが主義者」は一〇〇〇〇円しか得られません。しかし「みんなが主義者」を相手にした場合には、利己主義者は五〇〇〇円しか得られませんが、「みんなが主義者」は相互に協力しあって一〇〇〇〇円を得ることができます。というわけで、プラスとマイナスが打ち消しあって、利己主義者と「みんなが主義者」との利益が同じになったわけです。

ということは、清貧主義者がいなくなってしまえば利己主義者は搾取する相手がいなくなり、そうなると利己主義者よりも「みんなが主義者」の方が大きな利益を得られるようになるはずです。実際、清貧主義者がいなくて利己主義者と「みんなが主義者」とが半数ずついる場合をシミュレーションしてみると、利己主義者の利益は五〇〇円なのに対して「みんなが主義者」の利益は七五〇円となって、「みんなが主義者」の利益の方が大きくなります。

この結果は、「みんなが」原理が持つ適応上の有利さを示すものです。しかしこの結果は、「みんなが主義者」の「裏切り者探索能力」（相手を見分ける能力）が完璧な場合を想定しているので、あまり現実的ではないという批判もありえるでしょう。そこで、「みんなが主義者」の「裏切り者探索能力」が全くあてにならない場合を次にシミュレーションしてみます。

今回の「みんなが主義者」は、相手が協力行動を取りそうな人間だと思うと協力行動を取り、相手が非協力行動を取りそうだと思うと非協力行動を取りますが、相手が協力行動を取りそうだと思うかどうかには、相手の本当のタイプが全く反映されていません。というわけで、どの種類の人間を相手にする場合にも、〇・五の確率で相手を協力的な人間だと判断し、また同じ〇・五の確率で相手を非協力的な人間だと判断します。

シミュレーションの結果を見てみましょう。まず、合理的利己主義者の利益は、前回の八三三円から一〇〇〇円にまで上昇しました。無能な「みんなが主義者」の半分がカモになってくれるので、その分だけ利益が大きくなったわけです。これに対して無能な「みんなが主義者」

の利益は、前回の八三三円から七五〇円へと減少してしまいました。それにともなって清貧主義者の利益も六六七円から五〇〇円へと減少しました。

それでは、清貧主義者がいなくなって、合理的利己主義者と「みんなが主義者」が半々にいる場合にはどうなるでしょう。この場合にも利己主義者の利益は七五〇円、「みんなが主義者」の利益は五〇〇円となって、やはり利己主義者の利益の方が大きくなりました。

やはり、コスミデスたちが主張しているように、「みんなが」原理に従う行動が有利な結果をもたらすには、誰が協力行動を取る人間で誰が非協力行動を取る人間なのかを見分ける能力を同時に身につける必要があることが、この結果からわかります。

集団のもつ威力

さて、以上のシミュレーションの結果から、利己主義者であるよりは「みんなが主義者」として行動する方が、結局は自分の利益が大きくなる場合のあることがわかりました。それは、「みんなが主義者」が相手を見分ける能力を身につけた場合です。

もちろん相手を見分ける能力が完璧である必要はありません。例えばこの四人のジレンマをばったり出会った相手と一回きりプレイするという場合には、相手の四分の三を正しく見定め、四分の一は間違えてしまうという、中途半端な見定め能力を「みんなが主義者」が持っているときに、利己主義者と「みんなが主義者」との利益が同じになります。

ただしこれは、集団の中にいる利己主義者と「みんなが主義者」との比率が同じである場合にかぎります。集団の中にいる「みんなが主義者」の数が増えれば、同じ見定め能力の水準でも、「みんなが主義者」の方が利己主義者よりも大きな利益を得ます。例えば利己主義者が三割、「みんなが主義者」が七割の集団では、相手の四分の三を見定める能力を「みんなが主義者」が持っているとすると、利己主義者の利益は六七五円、「みんなが主義者」の利益は七二五円と、「みんなが主義者」の方が大きな利益を得ます。

逆に、利己主義者が七割、「みんなが主義者」が三割の集団では、利己主義者の利益は五七五円、「みんなが主義者」の利益は五二五円と、利己主義者の方が大きな利益を得ることになります。

この結果は、「みんなが主義者」が集まって集団を作っているかぎり、そのような集団では利己主義者は損をしてしまうということを意味します。つまり、多くの人たちが「相手が協力してくれそうなら自分も協力しよう。だけど相手が非協力行動を取りそうなら自分も非協力行動を取ることにしよう」と考えている集団では、「一回きりの囚人のジレンマだから非協力行動を取った方が有利だ」と合理的に考える人間は、うまく立ちまわることができないということです。

このシミュレーションの結果が教えてくれるのは、「みんなが主義者」は一人ではうまくやれないが、たくさんの「みんなが主義者」が集まって集団を作れば、その中では利己主義者よりも大きな利益をあげることができるということです。「みんなが」原理を身につけた人間が同時に、他人が協力行動を取りそうな人間かどうかを判断する「裏切り者探索能力」をある程度身につけ、そして同じような人間と集団を作ることで、私たちの先祖は社会的ジレンマ問題をうまく解決することができたのでしょう。

無意識で利益をあげる自動変換機

本章ではこれまでの実験の結果から、一回きりの囚人のジレンマで協力する人たちは囚人のジレンマ状況を「みんなが」状況として理解している人たちだということを示しています。つまり、一回きりの囚人のジレンマで協力する人たちは、その状況が「みんなが」状況であるとつい思ってしまうのです。

ついそう思ってしまうのは、客観的には誤解です。しかしこの誤解は、実験に参加した人たちが自分たちの行動の結果をいいかげんに考えたために起った誤解ではありません。結果がどうでもいいような場合にはむしろこの誤解は生まれなくて、結果が重要なものとなるほどこの誤解が生まれる、という実験結果が紹介されています（一七〇～一七二頁）。

社会的交換モジュールは、この誤解を生み出すメカニズムとしての「みんなが」原理を備えているのだと筆者は考えています。つまり、お互いに協力しあえばお互いに利益が得られるが、それよりも自分の利益だけを追求した方がもっと利益が大きい状況、つまり囚人のジレンマや社会的ジレンマの状況に直面すると、「みんなが」原理が活性化されると同時に、相手は協力してくれそうかどうかが気になってくるのだと考えられます。

このように考えることで、なぜ一回きりの囚人のジレンマでも協力する人間がいるのか、なぜ一回きりの囚人のジレンマでも相手の行動が気になるのかが説明できます。

「みんなが」原理について述べた本章を終えるにあたって最後に強調しておきたい点は、「みんなが」原理の活性化は、私たちがほとんど意識しないままほぼ自動的に生じているらしい、という点です。「みんなが」原理の適用はいわば、私たちが意識しないまま囚人のジレンマ状況を「みんなが」状況へと変換する、社会関係の認知の自動変換機だと言うことができるでしょう。最後に紹介したシミュレーションの結果は、この自動変換機を備えている「みんなが主義者」の方が、合理的な利己主義者よりも大きな利益をあげる可能性があることを示しています。

第6章 社会的ジレンマの「解決」を求めて

1 社会的ジレンマ解決の出口は見つかるか

さて、これで社会的ジレンマについての研究の紹介は終りです。私たち人間は、数百万年にわたる進化の過程を経て獲得してきた「本当のかしこさ」を使って、これまで長い間、社会的ジレンマを解決してきました。しかし、現代の私たちが直面している社会的ジレンマ――環境破壊、地球温暖化、効率の追求が生み出す人間らしい生活の破壊、等々――は、私たちに備わった心のしくみである、社会的交換モジュールだけではとても解決できそうもない問題です。

この最後の章では、これまで紹介してきた内容をもう一度振り返りながら、現代の社会、そしてこれからの社会で私たちが出会う様々な社会的ジレンマ問題を解決するために、一体私たちに何ができるのかを考えてみたいと思います。

といっても、筆者は、社会的ジレンマ問題を解決するための特効薬があるとは思っていません。また、社会的ジレンマ問題を解決するための一般的な原理があるとも思っていません。特に、相互監視と相互制裁が可能な伝統的な集団ではなく、現代の社会を特徴づける匿名性の高い、ゆるやかに組織された集団では、社会的ジレンマの問題を完全に解決するのはきわめて困難です。

というわけで、この章の目的は社会的ジレンマの解決法を提案することにあるのではなく、私たちが社会的ジレンマの問題に直面し、問題の解決を迫られたときに、問題を整理する助けとなるいくつかの要点について議論することにあります。

「かしこさ」による解決

第2章で述べたように、一九八〇年代までの社会的ジレンマ研究では、「かしこい」利己主義が社会的ジレンマの解決を生み出すと考えられていました。

筆者自身も一九九〇年に出版した『社会的ジレンマのしくみ――「自分1人ぐらいの心理」の招くもの』では、利己主義を徹底させると愛他的行動に行き着く、従って社会的ジレンマを解決するためには利己主義を徹底させることが必要だと考えていました。自分が協力的に行動することにより他人を協力に導くことができれば、そして長期的に見て協力行動のコストよりも、協力行動を取ることで他人を協力行動へと誘導することにより得られる利益の方が大きければ、徹底した利己主義者は自分から進んで協力的な行動を取るでしょう。逆に、自分にとって何が本当の利益になるか十分に理解できていない「中途半端な利己主義者」は、このような場合にも目先の利益に目がくらんで、自分にとって本当に利益になる協力行動を取りません。

しかしこのような徹底した利己主義者が協力的な行動を取るためには、そのことが本人にとって長期的に見て利益になるような状況が現実に存在していなければなりません。協力的な行動が搾取される一方であるという状況が現実に存在していれば、いくら「損して得とれ」と説教してみたところで、誰も耳を貸さないでしょう。

このことを逆に言えば、利己主義的な人々が進んで協力した方が得になる状況を作ることができれば、社会的ジレンマ問題は解決されるということを意味しています。というわけで、この観点からすれば、社会的ジレンマ問題を解決するために最も重要なのは、このような「かしこい」利己主義者たちが進んで協力する気になる環境を作り出すことにある、ということになります。

ここでまず、このような望ましい状況にどのようなものがあるかについて、これまでの議論をまとめて整理することにしましょう。その前にまず、社会的ジレンマの解決についてのもう一つの立場である、教育により人々の利己主義をなくし、愛他主義的な態度を育成することにより社会的ジレンマの解決をはかる立場について、簡単に触れておきたいと思います。

教育によって愛他主義を育む

社会的ジレンマの定義を少し言い換えれば、社会的ジレンマ状況とは、一人の個人がコストを払って協力的行動を取れば、まわりの人間に対してそのコスト以上の利益が与えられる状況です。このような状況で皆がコストを負担しあえば、全員が自分の負担したコスト以上の利益を得ることができます。

人類は長い歴史の中で何度も何度も繰り返しこのような状況に直面し、お互いに協力しあうことの重要性を学んできました。教育の重要な役割の一つも、人々に「公徳心」とか「道徳心」とか「愛国心」を植えつけることにより、このような場面で進んでコストを負担するという、愛他的な行動を取るようにしむけることにあります。

このような教育がうまくいけば社会的ジレンマ問題は簡単に解決されますが、教育による社会的ジレンマの解決を考えるにあたっては、見逃すことのできない問題が一つあります。

その問題とは、ある人に対しては教育の効果が大きく、別の人に対しては小さいといった具合に、教育の効果にムラが生じるという問題です。その結果、愛他的に行動する傾向が強い人と弱い人があらわれることになります。全員が愛他的になってしまえば問題はないのですが、教育の効果のムラによって愛他的にならない人たちがいると、教育がうまくいった「純粋な」愛他主義者は、教育に失敗した利己主義者たちに常に利用され、常に「清貧に甘んじる」ことになってしまいます。

そうなると結局、教育がうまくいって愛他主義的になった人々が、利己主義的な人々にいいように利用されないための何らかの保証がないかぎり、教育による社会的ジレンマの解決は困難だし、あまり望ましくないということにさえなります。

こう考えると、結局は非協力者が協力者を一方的に搾取できないようにする、何らかの手段が必要ということになって、教育の効果を考えない場合と同じ結論になってしまいます。

緊密なネットワークのない集団に必要なもの

以上の議論から、教育により愛他主義を育むにせよしないにせよ、結局は協力的な行動を取る人々が、非協力的な人々によって一方的に利用されたり搾取されたりできない環境を作ることが、社会的ジレンマの解決にとって最低限必要であることがわかります。そのために考えられる方法にまず、ネットワークの育成があります。

同じ相手と長期にわたってつきあっていくことがわかっていれば、応報戦略にもとづいて相互協力がもたらされる可能性が大きくなります。応報戦略を用いれば、どんなに信用できない相手からも、一方的に搾取されるままにはならないからです。

またこのような継続的なネットワークの中でそれぞれの人間の評判がはっきりしていれば、誰も、非協力的だという評判の立っている相手と進んでつきあおうとはしなくなるでしょう。

従って徹底した利己主義者は、ネットワークから外される不利を悟り、あまり目立ったかたちでの非協力行動は差し控えることになります。

このようなわけで、人々の間に緊密なネットワークがはりめぐらされている集団では、「えびで鯛の原理」にもとづく相互協力が容易に達成されると考えられます。

しかしこのようなネットワークが確立していない場合には、応報戦略を採用することによって「安心の保証」を作り出すことができないため、別の方法が必要となってきます。つまり「アメとムチ」を行使するための制度を作り出し、その制度によって「安心の保証」を確保することが必要となってくるわけです。

強権は必要か？

こうやって見てくると、比較的小さな集団の中で継続的な関係のネットワークが存在しているのでないかぎり、社会的ジレンマを解決するためにはどうしても「アメとムチ」を使わなければならない、という結論にならざるをえないように思われます。

このような結論に陥るのを何とか回避しようとして社会心理学者たちはこれまで、社会的ジレンマでの人々の協力行動を高める働きをする様々な要因を検討してきました。これらの研究の中では、例えば次のようなことが明らかにされています。

①お互いに集団の他のメンバーとの間に直接の接触があったり、コミュニケーションができる場合には、そのような直接の接触やコミュニケーションができない場合とくらべ、協力的な行動が多くなる。

②他のメンバーが協力的であると確信できる場合には、そうでない場合よりも協力的な行動が取られやすい。

③集団が小さい場合には、集団が大きい場合よりも協力的な行動が取られやすい。

④自分の行動が全体の結果に影響を与えることができると思っている人間は、そうでない人間よりも協力的な行動を取りやすい。

⑤集団間に競争のある場合にはそうでない場合よりも、集団内での協力的な行動が多くなる。

⑥集団との一体感が強くなると、協力的な行動を取りやすくなる。

これ以外にも、これまでに何百と行われた社会的ジレンマの実験研究で、協力行動を促進する様々な要因について検討されてきました。しかしこれらの実験研究でわかったことのほとんどは、「アメとムチ」の必要性の小さい比較的小規模の集団にのみあてはまるもので、継続的な関係が存在しない匿名の大集団における社会的ジレンマの解決には直接つながっていません。このような集団では、結局のところ何らかのかたちで「アメとムチ」を使わざるをえないという結論を覆《くつがえ》す研究は、残念ながら今のところ存在していません。

ここで筆者が「残念ながら」という言葉を使ったのは、「アメとムチ」を使うのはあまり望ましくないという一般的な考えが存在しており、筆者もそのように考えているからです。「アメとムチ」を使用することそのものが倫理的にみて良いか悪いかの判断は別にしても、「アメとムチ」を使って社会的ジレンマを解決するという方向を推し進めていくと、結局は全体主義的な強権によってすべての問題の解決をはかるということになってしまうのではないかという心配があります。

そこで、「アメとムチ」がどうしても必要だとしたら、全体主義的な強権の発動というかたちを取らないで「アメとムチ」を用いるにはどうしたら良いかを考える必要があります。

2 行動の連鎖反応

限界質量と行動の変化

人々が全く望んでいないのに「アメとムチ」だけで協力行動を取らせようとすれば、そのためのコストは非常に大きなものとなり、「過剰統制」が生じます。人々が社会的ジレンマの解決のために協力しあう意思を持っていない状態では、社会的ジレンマの解決をあきらめるか、「過剰統制」の危険をおかしても強権を発動する以外にしかたがないのかもしれません。

しかしこれまで見てきたように、多くの人々は「自分だけ馬鹿を見ることがない」という保証さえ与えられれば、「アメとムチ」がなくとも社会的ジレンマで協力行動を取るように、「みんなが」原理によって導かれています。もちろんそうではない人々も少なからずいますが、大多数の人々がこのような保証さえ与えられれば協力行動を取ることは、これまでの社会的ジレンマ研究で繰り返し確かめられています。

従って、「アメとムチ」は「みんなが」原理がうまく活性化しない人にだけ向ければ良いわけで、すべての人間を「アメとムチ」で協力させようとする場合にくらべれば、比較的少ないコストしかかからないでしょう。つまりこのような場合には「過剰統制」の問題はあまり起らないはずです。

第5章で検討したように、多くの人たちが「みんなが」原理に従って行動している集団では、あくまでも自分の利益だけを追求する利己主義者よりも、皆が協力行動を取っているかぎりは「ただ乗り」をしようとは思わない「みんなが主義者」の方が、結局は大きな利益を得ることができます。ということは、「アメとムチ」は、「みんなが主義者」が利己主義者よりも大きな利益を得ることができる社会的状態を維持するためにだけ必要だ、ということになります。逆に言えば、「みんなが主義者」の方が利己主義者よりも大きな利益を得る状態が社会的に達成されていれば、それ以上に「アメとムチ」を使う必要はないということです。

この点をもう少しちゃんと理解するために、ここで「限界質量」の理論について紹介しておくことにします。

限界質量という言葉は、そもそもはウランの量が一定のレベルを超えると急激に核反応が起ることから、核反応を引き起こすのに必要なウランの量を意味しています。社会学者はこの概念を物理学から借用して、核分裂の連鎖反応ではなく、人間の行動の連鎖反応を分析するために使用しています。

以下の説明は、社会的ジレンマに直面している集団にはいろいろな人間が含まれているという前提から出発します。例えば他の連中が全員非協力行動を選択しても、自分は絶対に協力行動を選択するという「清貧主義者」もいるかもしれません。また、他の人たちがいくら協力行動を選択していても自分は絶対に協力しないという、筋金入りの利己主義者もいるかもしれません。

しかしこれまでの研究の結果からわかるように、多くの人々は「みんなが主義者」だと考えられます。つまり、清貧主義者と利己主義者の中間で、ある程度の人々が協力するのなら自分だけ馬鹿を見ることはないだろうから協力しようと考えています。

これまでの議論では、このような人たちを「みんなが主義者」としてひとくくりにしていましたが、同じ「みんなが主義者」の中にも、他にどれぐらいの人間が協力していれば自分も協力する気になるかという程度が違う人たちがいるはずです。大多数が協力していなければイヤだという、利己主義者に近い行動を取る人もいるでしょうし、他に一人でも協力するのなら自分も協力してもいいやと考えている、清貧主義者に限りなく近い人もいるでしょう。

いじめの例

図6・1の二つの棒グラフは、ある社会的ジレンマに直面した一〇人の集団で、このように

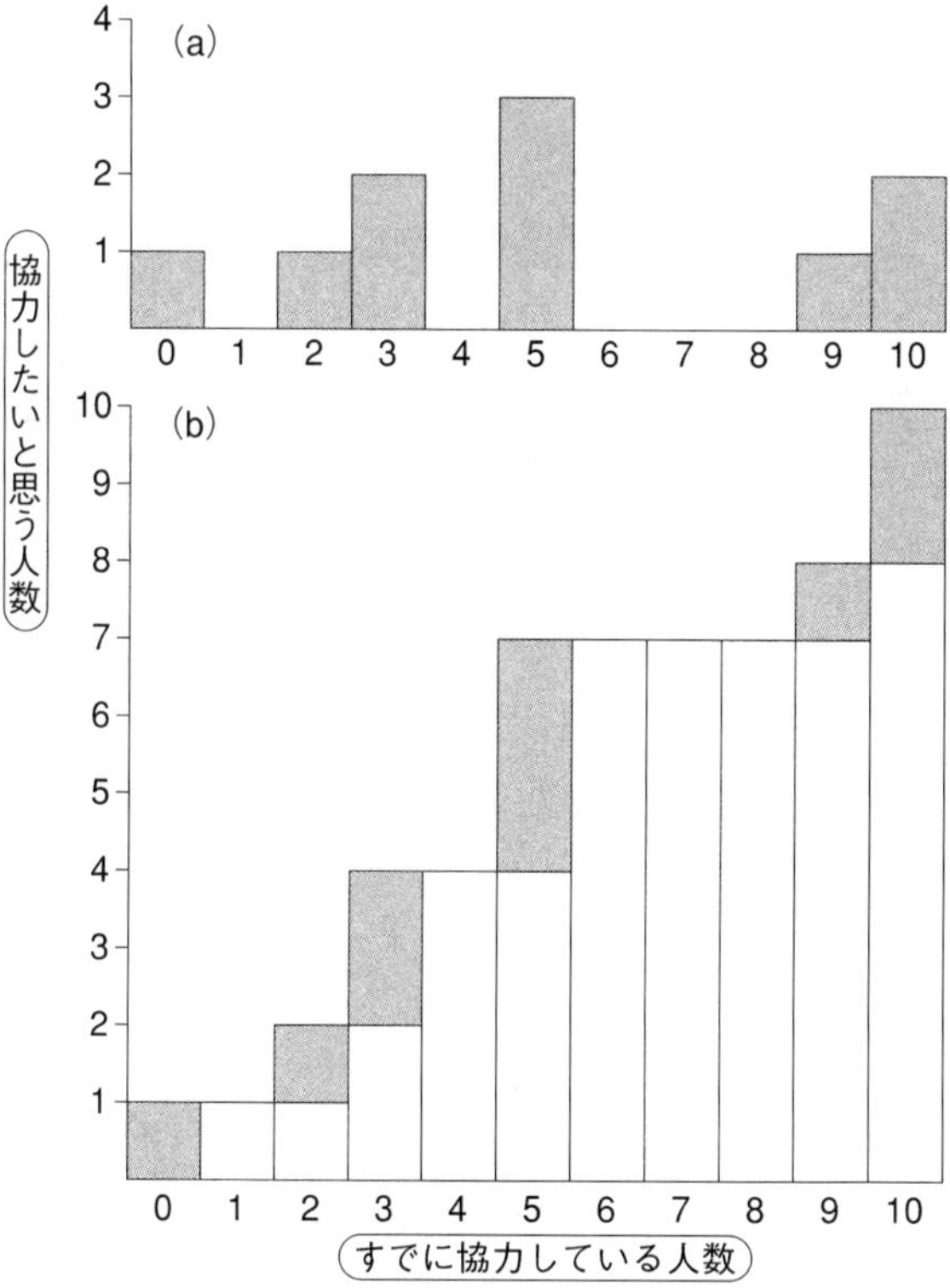

図6・1　10人集団での、様々な考えを持った人の分布

様々な考えを持った人々がどのように分布しているかを示しています。例えば一一人のクラスの中の一人がいじめっ子で、それ以外の一〇人の生徒が、いじめをやめさせようとする場面を考えてみてください。ここでは、いじめをやめさせようとする行動を協力行動、見てみぬふりをする行動を非協力行動とします。

この二つのグラフの横軸は、協力行動を選択している人々の人数を示しています。例えば横軸の数が5であれば、五人の人々が実際に協力行動を選択している場合を示します。このクラスでのいじめの例を取れば、五人の生徒がいじめをやめさせようとして行動している状態です。

図6・1aの棒グラフの高さは、自分が協力するためには少なくとも横軸に示された数以上の人々が協力行動を選択している必要があると考えている人々の数を示しています。例えばこのグラフでは、自分以外に少なくとも二人の生徒がいじめっ子に立ち向かっていれば、自分もいじめっ子に立ち向かってもいい（協力してもいい）と思っている人が一人、三人以上の人々が協力していれば（いじめっ子に立ち向かっていれば）自分も協力してもいいと考えている連中が二人、五人以上協力していれば自分も協力するという人が三人、九人以上協力していれば自分も協力するという人が一人いることを示しています。

またこの図の横軸の数が0のときの棒グラフの高さは1となっていますが、このことは自分が協力するためにはゼロ人が協力している必要があると考えている、つまり誰も協力していなくとも自分はともかく協力するんだと考えている完全な清貧主義者が、一人だけいることを示しています。横軸の数が10のときの棒グラフの高さが2となっているのは、自分が協力するためには他に一〇人の人が協力する必要があると考えている人が二人いることを示しています。この集団の人数は一〇人なので、この二人は結局他の全員が協力しても自分は協力する意思のない、筋金入りの利己主義者だということになります。

図６・１bのグラフは、上の棒グラフを累積したもの、つまり図６・１aの棒グラフを左から順に積み重ねたものです。従って下の棒グラフの高さは、横軸に示された数の人たちが実際に協力していれば自分も協力しようという人の総数を表しています。例えば誰も協力していなくても自分は協力する（誰も他にいじめっ子に立ち向かっていなくても自分はいじめっ子に立ち向かう）という人（生徒）が一人いて、二人協力していれば自分も協力するという人も一人いるわけなので、実際に二人の人が協力していれば自分も協力しようという人は合計二人いることになります。従って横軸の数が2の場合には、下の棒グラフの高さも2となるわけです。

また横軸が9の場合、つまり他の九人すべてが協力している場合に自分も協力しようという人間は合計八人いることがこのグラフからわかります。

このもとのグラフを一般化したものが図６・２です。この図に示されたグラフの横軸は実際に協力している人の数ではなくパーセンテージを、また縦軸はそれだけのパーセンテージの人が協力しているのなら自分も協力しようと思っている人のパーセンテージを示しています。縦軸と横軸の数字が人数ではなくパーセンテージで示されているという点を除いては、図6・1bと同じ意味を持つグラフだと考えてください。

また図6・2には四五度の傾きを持った直線が加えられていますが、この直線がどのような意味を持つかについては、これから説明します。

もちろん図6・2に示されたグラフは、ある集団における人々の協力傾向の累積分布のほんの一例にすぎず、別の場合や別の集団では異なった形のグラフになります。とりあえずは、この例に示されたグラフから話を始めることにします。

このグラフに示される集団で、最初に例えば三〇%の人々が協力していたとしましょう。このグラフから、三〇%の人々が実際に協力している場合には二〇%の人々しか協力する意思のないことがわかります。つまりこのグラフに示された人々の集団では、三〇%の人々が実際に協力していると、そのうちの一〇%の人が協力をやめ、二〇%の人たちだけが協力を続けることになります。

さて、協力している人たちが三〇%から二〇%に減ったとします。そうなるとまたこのグラフから、二〇%の人々が協力しているなら自分も協力しようと考えている人は、一三%しかいないことがわかります。そうなると実際には一三%の人々しか協力しないことになり、その場

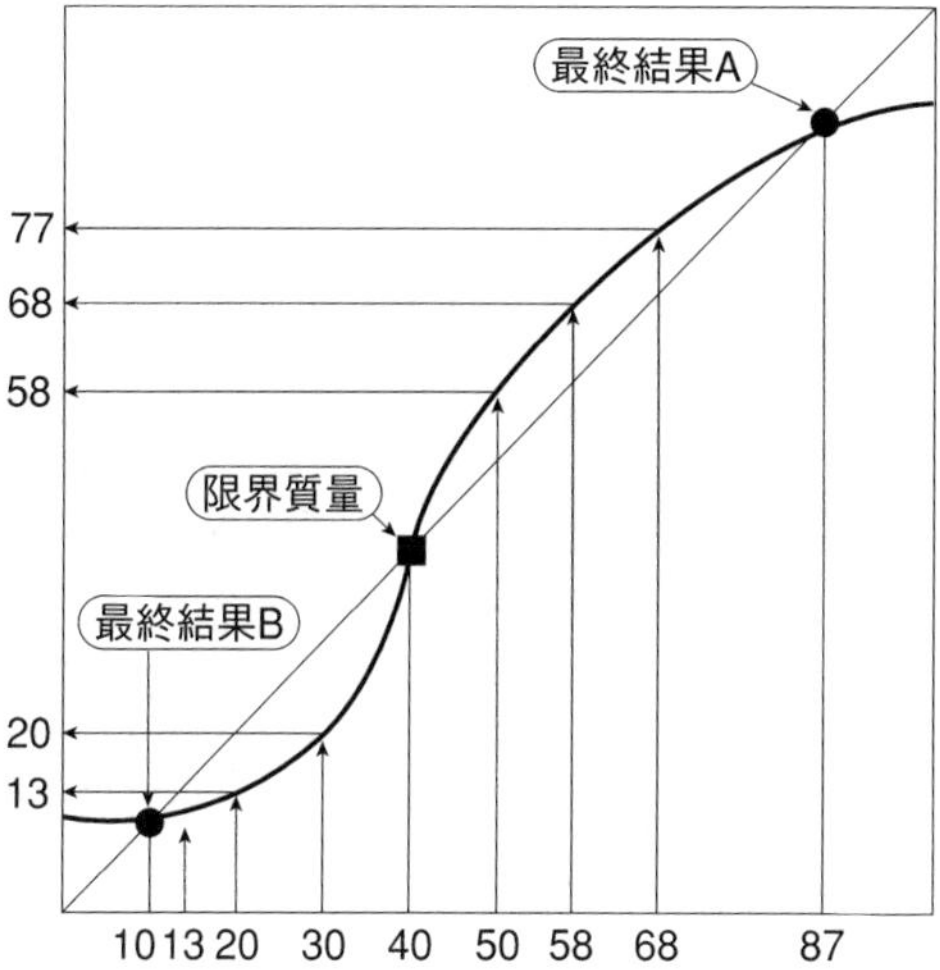

図6・2　限界質量のグラフ

合にも協力する意思のある人々の数はもっと少なくなっていき、最終的には協力傾向の累積分布を示す曲線と四五度の直線とが交わる点、つまり一〇％の人々が協力している状態で安定します。

同じ人たちが違う結果を生み出す

このように最初は三〇％の人々が協力していても、次第に協力する意思のある人々が減少し、結局は一〇％の人々しか協力しなくなってしまうわけです。

このグラフで一〇％の人々が協力している状態が安定しているというのは、一〇％の人々が実際に協力しているなら自分も協力しようという人間が一〇％いるからです。つまりこの一〇％の人々は、他の人たちが全く協力しなくなっても、自分たちの間で協力を維持します。

これに対して、例えば最初に五〇％の人たちが協力していたらどうなるでしょう？　五〇％の人々が協力しているなら自分も協力するという人たちは、グラフから明らかなように五八％います。従って次には五八％の人たちが実際に協力することになります。また五八％の人たちが実際に協力すれば、次には六八％の人たちが協力することになり、結局は曲線と四五度の直線が再び交わる点、つまり八七％の人たちが協力している状態で安定することになります。

上の二つの例では、最初に三〇％の人たちが協力していれば結局は一〇％の人たちしか協力しなくなってしまうのに対して、最初に五〇％の人たちが協力していれば最終的には八七％もの人たちが協力するようになることが明らかにされました。

このグラフでは協力傾向の累積曲線が四五度の直線と交わる点がもう一つあります。四〇％の人たちが協力している状態ですが、この状態が「限界質量」と呼ばれる状態なのです。

つまり四〇％よりも少しでも多くの人たちが最初に協力していれば、結局は八七％の人たちが協力することになります（図6・2の「最終結果A」）。また四〇％を少しでも下回る人たちしか最初に協力していなければ、結局は一〇％の人たちしか協力しなくなってしまいます（「最終結果B」）。

このように、一人一人の行動が特定の行動を取っている人の数や比率によって変わってくる場合には、人々の協力傾向の分布が変わらなくとも、最初にどれだけの人々が協力しているかによって、最終的な協力率が全く異なってしまうことが往々にしてあります。

逆に言えば、同じような社会的ジレンマに直面した二つの集団ないし社会での、人々の協力率が大きく異なっているからといって、その二つの集団ないし社会に属する人々が異なった種類の人々である――例えば一方の集団ないし社会には協力的な傾向を持つ人々が多く、もう一方の集団ないし社会には非協力的な傾向を持つ人々が多いといったふうに――ということには、必ずしもなりません。これら二つの集団ないし社会における最終的な協力率の差は、人々の協力傾向の違いを反映しているのかもしれませんが、そうではなく、ただ何らかの理由により一方の集団ないし社会で限界質量を超える「初期値」が発生してしまったからかもしれないからです。

たった一人でいじめに立ち向かえるか

このように、分布の初期値が限界質量を上回っているか下回っているかで最終的な結果が大きく変わってしまう現象は、私たちの社会の至るところで見られます。その一つの例として、クラスの中でいじめが起っていても「見てみぬふりをする」傍観者について、京都大学霊長類研究所の正高信男が行った研究（『いじめを許す心理』岩波書店、一九九八年）について紹介しておきましょう。

この研究では、いじめがしばしば報告されているいくつかの中学校の二年生と三年生の、合計三三クラスの中で、傍観者の数がどのように分布しているかを調べました。そうすると、半分くらいのクラスではほぼ全員が傍観者を決め込んでいるのに、別の半数くらいのクラスでは傍観者がほとんどいないことがわかりました。

このことは、積極的にいじめっ子に立ち向かう生徒（協力者）の数が限界質量を超えるとクラスのほぼ全員がいじめっ子に立ち向かうようになり、「見てみぬふり」を決め込む傍観者がほとんどいなくなること、そして逆に、いじめっ子に立ち向かう生徒の数が限界質量に達しないとほとんどの生徒が非協力行動を取るようになる、つまり傍観者を決め込むようになることを意味しているのだと、この研究を行った正高信男は解釈しています。

みんながいじめっ子に立ち向かっていれば、特定の一人が仕返しの対象になる可能性が小さいので、多少気が小さい生徒でも、皆と一緒にいじめっ子に立ち向かうことができます。これが、協力行動が限界質量を超えた場合に、ますます多くの生徒がいじめっ子に立ち向かうようになる理由だと考えられます。

逆に、ほとんど誰もいじめっ子に立ち向かっていない状況で自分一人がいじめっ子に立ち向かえば、いじめっ子からの仕返しを受けて、今度は自分がいじめられることになってしまうでしょう。そのような状況でいじめっ子に立ち向かうことができるのは、よほど体力や気力に自信がある生徒だけです。そのため、協力行動が一度限界質量を下回ると、ますます多くの生徒が、いじめっ子に立ち向かう戦列から脱落することになってしまうわけです。

3 「本当のかしこさ」を身につけるために

「アメとムチ」の間接的効果

このような、協力行動の初期値が限界質量を上回るか下回るかによって最終的な結果が大きく変わってしまうという限界質量の原理が、いじめ場面だけでなく多くの場面で生じていることは、私たちの身の回りを見まわしてみればすぐにわかります。例えば、誰もスピード違反をしていない道路ではスピード違反をしないドライバーも、皆がスピード・オーバーで飛ばしている道路ではスピードをあげるという現象も、この一つの例です。多くのドライバーがスピード違反をしていれば、自分だけが捕まるということはないだろうと思って、安心してスピード違反をしてしまうからです。

この限界質量の理論は、いろいろな社会現象にあてはまるだけではなく、社会的ジレンマ問題の解決を考えるさいに重要な意味を持っています。それは、限界質量を超えた状態では、高い協力率を生み出し維持するのに人々が「みんなが」原理に従って行動するだけで十分だとい

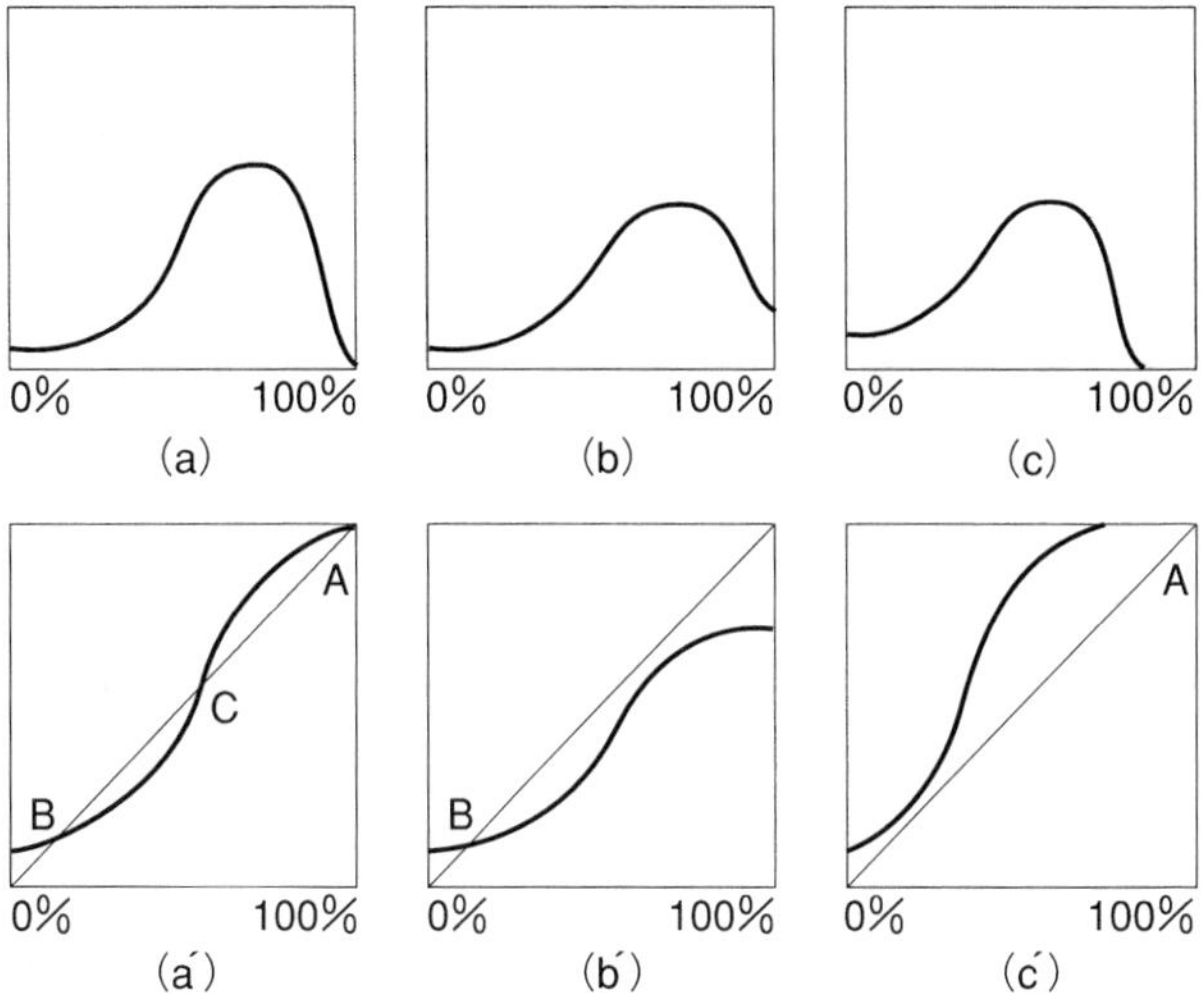

図6・3　「アメとムチ」の度合いと限界質量

うことを示しているからです。何人かの利己主義者は「ただ乗り」を決め込むでしょうが、それでも高い協力率が維持され、社会的ジレンマの解決が可能となるでしょう。

逆に言えば、いくら多数の「みんなが主義者」がいても、協力率の初期値が限界質量を下回っていれば、高い協力率は達成されません。

そうなると、社会的ジレンマ解決にとって一番重要なのは、筋金入りの利己主義者による非協力行動を、限界質量を超えないように押さえつけられるかどうかだ、ということになります。協力行動を取る人たちの比率が一度限界質量を下回ってしまえば、非協力行動は利己主義者の間だけではなく、「みんなが主義者」の間にも急速に拡大してしまいます。そうなれば非常に大きなコストを払って強力な「アメとムチ」を多くの人々に用いないかぎり、社会的ジレンマを解決することができなくなるからです。

つまり初期値が限界質量を超えないように「アメとムチ」を有効に用いているかぎりでは、全体主義的な強権の発動が必要になることはないのですが、手後れになって非協力行動が限界質量を超えてしまうと、強権の発動も必要になってしまうというわけです。

ここで図6・3を使って、この点をもう一度確認しておきます。

aは、比較的おだやかに「アメとムチ」が用いられている状態での人々の行動基準の分布を示しています。このグラフでは、一番右端の高さはゼロになっています。つまりほぼ全員が協力している状態では、非協力者は発見され罰せられる可能性が大きいので、筋金入りの利己主義者でもこのような状態では協力行動を取ることを示しています。

このグラフを累積すると、a´のグラフになります。このグラフには、二つの「均衡点」AとBがあり、初期の協力率が限界質量Cを超えるかどうかにより、どちらの均衡点が達成されるかが決まってきます。

ここでまず、均衡点Aがすでに達成されている状態を考えてみてください。この状態は、比較的おだやかな「アメとムチ」によって、社会的ジレンマが解決されている状態を示しています。

次に、この比較的おだやかな「アメとムチ」がない場合を考えてみましょう。この場合には非協力行動を取っても罰を受ける可能性が全くないわけですから、筋金入りの利己主義者たちは常に非協力行動を取るようになります。ｂのグラフの右端の高さは、このような筋金入りの利己主義者の数を示しています。

このグラフを累積すると、ｂ′のグラフが得られます。このｂ′のグラフの特徴は、限界質量が存在していないことにあります。つまり実際にどれだけの人々が協力していても、結局は均衡点Ｂに落ち着いてしまい、ほとんど誰も協力しない状態が生まれます。

つまりこれらのグラフに示されているような分布が存在している集団では、最初は比較的おだやかな「アメとムチ」を用いることによって社会的ジレンマが解決されていたにもかかわらず、そのような「アメとムチ」の使用をやめてしまえば、筋金入りの利己主義者たちの非協力行動がきっかけとなって、結局はｂ′の均衡点Ｂにまで協力率が下がってしまいます。

このような事態に直面して、あわてて「アメとムチ」の使用を元に戻したとします。そうするとグラフはａのグラフに戻るわけですが、均衡点は元のＡには戻らなくて、Ｂの位置に留まったままになります。一度協力率がｂ′のＢ点にまで落ちると、グラフがａのグラフに戻っても、初期値が限界質量を超えていないため、結局はＢ点に留まらざるをえなくなるからです。

つまり比較的おだやかな「アメとムチ」の使用が手後れになって、協力率が一度限界質量を下回ってしまうと、おだやかな「アメとムチ」を使うだけでは社会的ジレンマの解決が不可能となります。そうなるともう一度協力率をあげ、社会的ジレンマを解決するためには、c´のような、限界質量の存在しない累積グラフを作る必要が生まれてきます。

このc´の累積グラフを作るためには、人々の「協力傾向」を大きく変えて、cのようなかたちにしなくてはなりません。そのためには最初に用いられていたおだやかな「アメとムチ」よりもずっと強力な「アメとムチ」を使って、すべての人々の協力傾向を変化させる必要が出てくるわけです。

これらの一連のグラフは、例えば、一度上昇してしまった犯罪率を再び低下させるためには、初めから犯罪率を低いままに押さえておくために必要な警察力よりもずっと強力な警察力が必要となることを意味しています。

「本当のかしこさ」を生かす

ここでいくつかの図を使って説明してきたことは、同じ人たちが同じ社会的ジレンマ状況におかれていても、ある場合にはほとんど全員が協力するのに、別の場合にはほとんど誰も協力しないことがある、ということです。このことは、誰にでもどんな場合にもあてはまる社会的ジレンマの一般的な解決法は見つけるのが難しいということを意味しています。

例えば図６・３ａの状態では、あまり強い統制を行わなくても、多くの人々が自主的に協力行動を取っています。それに対して協力率の初期値が限界質量を下回ってしまうと、ずっと強力な統制を行わなくては誰も自発的に協力しようとはしなくなってしまいます。

もちろん、最初から常に強力な統制を行っていれば、誰も非協力行動を取ろうとはしないでしょう。例えばゴミのポイ捨てに対して一〇〇万円の罰金を科すとか、懲役刑を科すとかすれば、そして街中に監視カメラを設置して人々の行動を監視していれば、ゴミを道に捨てる人はいなくなるでしょう。

しかしこのような解決法が社会的ジレンマの望ましい解決法だとは、多くの人たちは考えないでしょう。それは、一つには、監視と制裁のためのコストが高くつきすぎて、社会的ジレンマを解決することで得られるメリットを上回るという、過剰統制の問題があるからです。ゴミのポイ捨てをやめさせるための手段として、街中に設置した監視カメラで人々の行動を絶え間なく監視するというのは、そのためにとてつもなく巨額な費用がかかるだけでなく、私たちのプライバシーを侵害するという意味でも大きなコストを生み出します。

また、第3章でみたように、二次的ジレンマ問題を生み出すとか、そもそも自発的に協力していた人たちのやる気をそぐことになってしまうという結果さえもたらしかねません。

つまり、誰もが利己主義的に自分の利益だけを考えて行動する人間だという前提から出発して、すべてを監視と統制で処理しようとすると、きわめて非効率的なだけではなく、望ましくない副作用を生み出してしまう可能性があるのです。

しかし、説教や教育によって人々を「改心」させることで社会的ジレンマ問題の解決をはかろうとしても、これまで何度も見てきたように、そこでも大きな困難に突き当たるでしょう。

これまで本書では、社会的ジレンマ問題の「アメとムチ」による解決と教育による解決とを、お互いに対立するものとして描いてきました。「アメとムチ」による解決は、私たち人間が合理的な、あるいは「かしこい」利己主義者だという前提から出発しています。合理的な利己主義者が協力行動を取るのは、えび（協力行動を取るためのコスト）で鯛（協力行動を取ることで得られる長期的な利益）を釣ることができる場合だけです。現在、社会に存在する大規模な社会的ジレンマでは、このような「えびで鯛の原理」がうまく働きません。

これに対して教育による解決は、人々を愛他主義者に「改心」させることを目的としています。何度も述べたように、教育による社会的ジレンマの解決がかかえる問題点は、教育によって「改心」した愛他主義者が利己主義者たちに搾取されてしまう点にあります。

そうなると、一番いいのは「改心」した人たちが搾取されない環境を作ることだということになるでしょう。自分の利益だけを「合理的に」追求する人たちよりも、全体の利益を考えて行動する人たちの方が結局は大きな利益が得られる社会環境が存在すれば、そのような環境の中では誰もが協力的に行動するようになるはずです。

そしてそのような環境が実際に存在することは、第5章で紹介した簡単なコンピュータ・シミュレーションの結果に示されています。第5章で紹介したシミュレーションでは、「みんなが主義者」が集まって集団を作っているかぎり、利己主義者よりも「みんなが主義者」の方が大きな利益を得られることが示されているからです。しかし逆に、多くの人たちが利己主義者となってしまうと、「みんなが主義者」は利己主義者ほど大きな利益を得られなくなってしまいます。

このシミュレーションの結果は、少し前に紹介した限界質量の話と一貫するものです。社会的ジレンマを解決するためには、「自分の身を犠牲にして他人のためにつくす」愛他的な心を育むように人々を教育する、あるいは説教する必要はありません。社会的ジレンマを解決するために、進化の贈り物である「みんなが」原理が働きやすい環境を整備すればいいからです。

ここで最後に強調しておきたいのは、「みんなが」原理と愛他心との間に共通する点は多くありますが、一つの点で根本的に違っていることです。それは、愛他心にもとづく行動は常に利己主義者によって搾取されるが、「みんなが」原理にもとづく行動は利己主義者によって搾取されるとはかぎらないという点です。愛他心を育む教育は、利己主義者の「獲物」を育てることで、結局は利己主義者をのさばらせる結果をもたらしてしまいます。これに対して「みんながが主義者」を育む教育は、利己主義者が損をする環境を生み出すことで、利己主義を根源から否定することになるはずです。

「合理的に」行動するよりも「みんなが」原理に従って行動する方が結局は大きな利益が得られる環境を作って、そのことを利己主義者に教えてやれば、「かしこい」利己主義者は自分から進んで「みんなが」原理を身につけようとするでしょう。

感情に隠された「本当のかしこさ」

社会の近代化は、マックス・ウェーバーが指摘しているように、一面では社会の「合理化」の過程です。近代化の過程で、私たちは公的な場から感情を排し、感情に左右されない合理的な基準で社会を運営するやり方を身につけてきました。そしてその結果、近代化以前の社会とくらべ、効率的な社会の運営ができるようになりました。

筆者はこの点を否定する気は全くありません。しかし、本書で繰り返し述べてきたように、私たち人間の持つ「本当のかしこさ」は、近代化開始以降の数十年、あるいは数百年ではなく、何百万年にわたる進化の歴史を通して培われてきた「かしこい非合理性」の中に存在していることを忘れてはならないと思います。

「かしこい非合理性」の中でも、本書では特に社会的交換モジュールの働きによって生み出される、社会的ジレンマ状況についての直感的理解について焦点を当ててきました。本書で紹介してきた実験結果が示しているように、私たちは多くの場合、社会的ジレンマ状況を「みんなが」状況として直感的に理解し、その理解に従って行動しています。この直感的理解を生み出しているのが、社会的交換モジュールの働きです。

一方、「かしこい非合理性」のもう一つの源である「感情」については、本書ではほとんど触れていません。「感情的」という言葉が普通は否定的な意味に使われていることからもわかるように、感情にかられた行動は、自分自身にとってもまわりの人たちにとっても好ましくない結果を生み出す「おろかな」行動であると思われています。しかし第4章で紹介した経済学者ロバート・フランクは、実は感情こそが、「かしこい」利己主義者にとっては解決不可能な「コミットメント問題」の解決を与えてくれる、「本当のかしこさ」の源なのだとしています。

このフランクの立場は、本書の立場と同じです。社会的交換モジュールの働きにせよ、感情の働きにせよ、一般に非合理的で「おろかな」心の働きだと考えられていますが、その中にこそ、合理的な利己主義者には手におえない問題の解決を可能とする「本当のかしこさ」が隠されているのだというのが、フランクの主張であり、また筆者の主張です。

ただし、感情の中に隠された「本当のかしこさ」については、本書ではあまり触れていません。その理由は、一つには、感情の「本当のかしこさ」が発揮されるのは社会的ジレンマ解決のためというよりはコミットメント問題解決のためであり、本書のテーマである社会的ジレンマとの結びつきがそれほど直接的ではないからです。そして、もう一つには、筆者自身が数年前にフランクの『オデッセウスの鎖――適応プログラムとしての感情』を翻訳しており、その中でフランクがすぐれた議論を展開しているからです。

というわけで、詳しく知りたい読者にはフランクの本をお読みになることを勧めておいて、ここではごく簡単に、感情に隠された「本当のかしこさ」についてのフランクの議論を紹介するにとどめておきます。

合理的な利己主義者はコミットメント問題を解決できない。そのためコミットメント問題に直面すると、合理的な利己主義者は、非合理的な人間、つまり感情に駆りたてられて行動する人間よりも損をしてしまう。コミットメント問題に直面すると、その場その場で「かしこく」損得勘定を計算し、その計算通りに行動する合理主義者よりも、感情にかられて行動する人間の方が結局は自分にとって有利な結果を獲得することができるというのが、第4章で紹介したフランクの主張です。

第4章で紹介したように、コミットメント問題を解決するためには、将来の自分の「選択の自由」を自分で放棄する必要があります。私たちはふつう、この選択の自由の放棄は、強い意志にもとづいてなされると考えています。例えば、「絶対に甘いものは食べない、ビールも飲まない」決心をしてダイエットに臨む人は、ケーキやビールを目の前にした自分の選択の自由を、過去の決心を実行しようとする意志の力で放棄できると考えているわけです。しかし哀しいかな、私たちの意志の力はそれほど強くありません。もし意志の力がそれほど強いものであれば、世の中に肥満体を嘆く人はいなくなっているはずです。

過去の自分が行った決心が現在の自分の行動を拘束できないのは、決心をした時点で合理的であった行動が、現在の時点では合理的でなくなってしまうからです。夕食後に自分のお腹を眺めているときには、引っ込んだお腹の効用は一杯のビールの効用よりも大きいのですが、仕事の後でビールを前にしたときには、ビールの効用の方が大きくなってしまいます。そのため、コミットメント問題を解決するためには——例えばダイエットに成功するためには——自分の将来の行動の自由を拘束するための方法が必要になります。

自分の将来の行動の自由を拘束するための方法、つまり「コミットメント手段」にはいろいろなものが考えられます。第4章で紹介した例では、オデッセウスを帆柱に縛りつけている鎖が、セイレーンの歌声を聴いても船を難破させる行動を取らないように、自分の将来の行動を拘束するコミットメント手段となっています。

感情がコミットメント問題を解決する

フランクの主張は、私たちが社会の中で出会う様々なコミットメント問題を解決するためのコミットメント手段の役割を、感情が果たしているというものです。

この点を説明するために、第4章で登場した、かばんを盗まれたAさんにもう一度登場してもらいましょう。合理的な人間であるAさんは、八万円以下の品物を盗まれても、警察に訴えたりしません。そのため、まわりの人たちから身を守ることができません。

「かしこい」Aさんは、「どんな少額の品物でも盗んだ人間は警察に訴えてやる」と宣言することで、まわりの人たちから搾取されるのを防ごうとするでしょう。問題は、このAさんの言葉がまわりの人たちにとって説得力を持つかどうかです。合理的であることがはっきりしている以上、このAさんの言葉は説得力を持たないでしょう。Aさんが自分の言葉に説得力を持たせるためには、合理的な人間であることをやめ、搾取されたら「頭にきて」感情的に行動する人間になる必要がある、というのがフランクの主張です。

感情的に行動する人間になることで解決できるコミットメント問題は、感情的に復讐を果たすことで搾取を避けるというAさんの例にかぎられているわけではありません。同じような問題は私たちの身の回りに数多く存在しています。

　例えば、あなたが誰かと共同事業を始めることになったとします。例えば、あなたはコンピュータのプログラミングが得意で、新しいソフトウェアの開発を始めているとします。しかしあなたには、開発したソフトを売り込んだり、会社を経営する能力がありません。そこで、すぐれた経営能力の持ち主と共同で会社を設立しようと考えました。あなたは経営には全くの素人なので、共同経営者が利益をほとんど独り占めしても、そのことに気づくことができません。そしてそのことを自分で理解しています。

　あなたの前に、共同経営者になりたいという二人、XさんとYさんがあらわれました。二人とも同じくらいの経営能力の持ち主です。しかし重要な点で、二人が違っていることがわかりました。Xさんは自分の利益のためなら、法律に触れないかぎりで、あるいは法律に違反していても絶対に発見されないという確信があれば、どんなことでも平気でする、「道徳感情」を全く持たない人間です。それに対してYさんは、絶対に他人に発見されない場合でも自分の良心に従って行動する人間です。

　多分あなたが共同経営者として選ぶのは、XさんではなくYさんでしょう。あなたがYさんを選ぶのは、Yさんの「道徳感情」がYさんの行動を拘束していることをあなたが知っているからです。あなたの共同経営者に求められているのは、あなたをだまして利益を独り占めにできる状況でもそうしないよう、行動が「道徳感情」によって拘束されている人間です。

そしてもし、あなたがYさんを共同経営者として選ぶとすれば、Yさんはあなたと共同であなたが開発したソフトを事業化し、大きな利益を得ることができるでしょう。Xさんはあなたの共同経営者になることができれば、共同事業からの利益を独り占めにすることで、もっとずっと大きな利益を得ることができます。しかし、「道徳感情」を持たない人間であることがあなたに知られてしまえば、そういった機会を手にすることができません。

もちろん、現実の社会では必ずしもYさんが共同経営者に選ばれるとはかぎりません。Xさんは「道徳的な」人間であるふりをすることができるからです。そして「かしこい」Xさんは、どうすれば「道徳的な」人間のふりをできるか、よくわかっているでしょう。これは、ゲーム理論で「シグナル検知問題」と呼ばれている問題です。

フランクは、このシグナル検知問題の存在を考慮に入れても、感情によって行動が拘束されている人間にしか解決できない、言いかえれば感情によって行動が拘束されているふりをしているだけの人間には解決できないコミットメント問題があることを、詳細な分析を通して明らかにしています。ただし、この点に関してのフランクの議論の内容を紹介するためには、もう一つの章が必要となってしまいますので、ここではこれ以上の議論の紹介はしません。もっと詳しく知りたい読者には、前述のフランクの本をお読みになることをお勧めします。

勘定から感情へ

筆者は十年前に出版した『社会的ジレンマのしくみ――「自分1人ぐらいの心理」の招くもの』中で、感情は社会的ジレンマの解決を困難にすると同時に、二次的ジレンマ問題の解決を可能とする「両刃《もろは》の剣」だと述べました。十年後の現在、特に一九九〇年代の研究の展開を見た後では、筆者は感情の持つ「かしこさ」を、感情の「おろかさ」よりも強調する立場を取るようになりました。

もちろん、感情的な意見や行動が、みにくい嫉妬などの感情に根ざしていることが多いのは事実です。「社会正義」の名を借りて、自分よりすぐれた人間や有利な立場にいる人間に対する嫉妬心を正当化する人たちは、残念ながらたくさんいます。しかし、だからといって、公的な場から感情を完全に排除してしまうのは、私たちの心に与えられた最良の可能性を自ら放棄することです。

これからの社会で、社会的ジレンマ問題を含む社会問題の解決を模索するために最も重要な課題は、感情や「みんなが」原理などの、人間の持つ非合理性の「本当のかしこさ」に、社会の中でどのような役割を担わせるかを考えることにあると、筆者は考えています。

それと同時に、お説教ではない教育を行う必要があるでしょう。「お説教の教育」というのは、「他人のためにつくしなさい」という愛他主義を育むための教育です。この「お説教の教育」がなぜ失敗するかは、すでに説明しました。教育がうまくいって愛他主義を身につけた人たちが、教育に失敗して利己的なままの人たちに搾取されてしまうからです。

それでは、「お説教ではない教育」とはどのような教育でしょうか。それは、道徳感情や社会的交換モジュールなどに導かれる非合理的な行動が、実は自分自身の利益につながってくるのだということを教える教育です。「情けは人のためならず」とか、「正直は最良の戦略」などといった東西の格言の内容を、もっとちゃんと教えるということです。

しかし、私たちはこういった格言を聞いても、「そんなことは嘘っぱちだよ。世の中、結局利己主義者が得をするようにできている」と思ってしまいます。たしかに、残念ながら、私たちの社会では、こういった格言があてはまらない場合が多くあります。しかし第5章で紹介したコンピュータ・シミュレーションの結果が教えてくれているように、このような格言が実際にあてはまる場合もあるのです。

もちろん、「お説教でない教育」が効果を持つためには、道徳感情や社会的交換モジュールの働きに導かれる行動が自分に利益をもたらすのはどういった場合なのか、逆に、そういった行動が自分に損失をもたらすのはどういった場合なのかを、はっきりと特定することができなくてはなりません。それができないかぎり、「お説教でない教育」をしようとしても、結局は自己犠牲を強制し、利己主義者の餌食になることを勧める「お説教教育」と変わりません。

これからの社会的ジレンマ研究の大きな課題は、私たちの非合理的な行動の中に隠された「本当のかしこさ」が、私たち自身に利益をもたらしてくれるための条件を明らかにすることにあります。残念ながら現在はまだ、そういった非合理性の「本当のかしこさ」についての十分な理解が進んでおらず、またそれが私たち自身に利益をもたらしてくれるための条件についての研究も、まだ始まったばかりです。そのため、そういった「かしこい」非合理性を社会制度の設計の中にどのように生かしていけばいいのか、私たち研究者も手探りで進んでいる状態です。

しかし、人間の非合理性を望ましくないものとして否定するのではなく、その中に隠されている「かしこさ」の観点から見直すことをめざすアプローチ、つまり広い意味での「適応論的」アプローチは、心理学の中で着実に力を伸ばしています。また、同じような傾向は、経済学を中心とする社会科学の中でも、重要なアプローチとして認められはじめています。

心理学や社会科学の中でこの適応論的アプローチにもとづく研究が進むにつれ、私たちは合理的な利己主義の軛《くびき》から社会を解き放ち、新しい原理に従ってより「人間的な」やり方で私たちの社会をコントロールする方法を見つけ出すことができるようになるでしょう。筆者は、そう信じながら、これからも研究を続けていこうと思っています。

エピローグ〜インセンティブから眺める心と社会〜

本書にとって最も重要なキーワードは「社会的ジレンマ」ですが、実はそれと同じくらい重要なキーワードに「インセンティブ」があります。インセンティブについては本書でも簡単に説明されていますが、要約すると、人間に特定の行動を取らせる要因を個人の心の中にではなく環境の中に求めるとき、そこに見出されるのがインセンティブです。

イソップの「北風と太陽」の話を思い出してください。旅人のマントを脱がせようとして、北風と太陽とが競争します。北風が力を込めれば込めるほど、マントが風に飛ばされないように、旅人はマントをしっかりとつかまえます。北風は旅人にとって、マントをしっかりと着込むためのインセンティブになっているのです。北風は、自分の行動が自分の意図とは反対の行動を取らせるインセンティブを旅人に対して与えていることに気づきません。これに対して、太陽は旅人に対してマントを脱がせるためのインセンティブを与えます。

この話を、環境の中にあって人間の行動を引っ張り出しているインセンティブの話としてではなく、心の中にあって人間の行動を内側から押し出している動機づけの話として書くこともできます。心の中に行動の原因を求めるのは心理学者の常道ですから、これを「心理学」版「北風と太陽」と呼ぶことにします。

旅人が歩いていると、急に北風が吹きはじめました。寒くなってきたので、旅人はマントの襟を手で押さえました。旅人は寒さが嫌いなので、寒さを避けるように動機づけられています。しばらくすると、北風はもっと激しくなってきました。そのため旅人は寒さを避けるようにますます強く動機づけられ、マントをしっかりと身体に押さえつけました。しばらくそうしていると、急に天気が回復して、暖かい太陽が顔をのぞかせました。旅人は暑すぎるのも嫌いなので、今度は、涼しさを求めるように動機づけられます。そこでマントを押さえつけている手をゆるめ、マントの前を広げました。しばらくすると太陽はますます強く照りつけます。そうすると旅人は涼しさを求めるようますます強く動機づけられ、マントを脱いでしまいました。

この「心理学」版「北風と太陽」には、面白さも教訓もありません。旅人の主観的な心の働きをそのまま記述しているだけだからです。これに対してイソップ版「北風と太陽」が面白いのは、北風にとっての行動の意図が、その行動が旅人に対してもつインセンティブと逆になっているからです。つまり、イソップ版「北風と太陽」は、北風にとってのインセンティブのジレンマなのです。

本書のテーマである社会的ジレンマも、実は、北風のジレンマと全く同じ意味で、インセンティブのジレンマなのです。社会的ジレンマに直面した人たちは、自分たちの長期的な利益に反するように行動するインセンティブに直面している人たちだと言いかえることもできます。イソップのねずみたちは、自分で猫に鈴をつけに行くインセンティブをもっていません。つまり、社会的ジレンマというのは、一人一人の個人が、全体の利益――そして自分たち自身の長期的な利益――に反する行動を生み出すインセンティブに直面している状態です。

「北風と太陽」の話を動機づけの話として書きなおすことが可能なのと同じように、社会的ジレンマをインセンティブの問題としてではなく、一人一人の動機づけの問題として書きなおすこともできます。そして、「自己利益だけを追求する」動機づけを「全体の利益を重視する」動機づけと対比させ、社会的ジレンマは人々の動機づけの間のジレンマだとする、「心理学」版の社会的ジレンマ問題の定義も可能です。実際、社会的ジレンマ研究者の中には、そのような立場を取っている人がたくさんいます。

しかし社会的ジレンマは、自分の利益しか考えない利己主義的な心が生み出す問題であり、その解決は教育によって利己主義を捨てさせる以外にないとする「心理学的」なアプローチからは、イソップの「北風と太陽」に含まれている貴重な教訓が失われてしまっています。その教訓とは、人々の行動は自分で意図しないインセンティブを他の人たちに与えているのだ、という教訓です。

私たちの直面する社会問題の多くは、意図しないインセンティブのジレンマが生み出したものです。例えば、不況の到来を望む人はほとんど誰もいません。しかし不況は起こってしまいます。誰も望まないのに不況が起こってしまうのは、一人一人の行動が、意図しないインセンティブを他の人たちに対して与えているからです。生活の安定を求めて消費を控え、タンス貯金にまわす人たちは、そのことによって、設備投資を抑制するインセンティブを企業の経営者たちに与えることを意図しているわけではありません。しかし、一人一人のタンス貯金は、ほんのわずかずつですが、設備投資を抑制するインセンティブを作りだし、そのことで不況を悪化させています。

本書のアプローチは、一人一人の心の中にある動機づけから出発するのではなく、社会的な環境の中にあるインセンティブの間の関係から出発するアプローチです。そして最後にたどり着くのが、一人一人の心の働きそのものさえ、感情や社会的交換ヒューリスティックといった心の働きを「適応的」にしている環境の構造――つまり特定の心の働きを支えるインセンティブ――に求める、進化心理学のアプローチです。本書をお読みになった読者の方々には、この点についてこれ以上説明する必要はないでしょう。

筆者が社会的ジレンマについての研究を本格的に始めたのは、ワシントン大学で博士論文に取り組んでいたころです。それからほぼ二十年が経ちましたが、その間、多くの人たちの協力やはげましや叱責に助けられて、これまで研究を続けることができました。ここで最後に、この場をお借りして、これらの方々にお礼を述べさせていただきます。

社会的ジレンマに関連する研究を続ける中で、筆者は文部省科学研究費、米国国家科学財団、原子力安全システム研究所、安倍フェローシップ、日本証券奨学財団、アメリカ社会学会などからの研究資金の援助を受けることができました。これらの機関に対して感謝の念を述べさせていただきます。また、実際の研究を実施するにあたっては、北海道大学とワシントン大学での大学院生や学部学生の方々に共同研究者として協力いただいています。これらの方々の協力なしには、研究を進めることは不可能でした。

また、ゼミやリサーチ・ミーティングなどで学生と議論を交わす機会は、社会的ジレンマについての筆者の研究を進める上で大きな役割を果たしています。ここでは、本書で紹介した研究を一緒に行った学生や、議論から得るところが大きかった学生の名前をあげさせていただきますが、それ以外の人たちも含めて、筆者と一緒に研究に携わったすべての学生の方々に感謝いたします。ジョディ・オブライアン（現・ワシントン大学）、垣内理希（現・社会調査研究所）、菊地雅子、清成透子、工藤麻矢、小杉素子（現・電力中央研究所）、ピーター・コロック（現・カリフォルニア大学）、佐藤香（現・山形大学）、神信人（現・淑徳大学）、高橋伸幸（現・アリゾナ大学）、竹澤正哲、谷田林士、寺井滋、林直保子（現・関西大学）、牧村洋介、松田昌史、渡部幹

（現・京都大学）、渡邉席子、王飛雪。また、実験参加者の勧誘のために貴重な時間を割いていただいた、阿部純一、浅見克彦、煎本孝、伊藤進、上田満、大田加代子、太田敬子、岡部成玄、梶原景昭、鹿又伸夫、川俣甲子夫、方波見雅夫、櫻井義秀、澤田幸展、澤口俊之、鈴木延夫、瀬名波栄潤、高橋憲男、千葉恵、富田勤、豊村和真、野宮大志郎、橋本雄一、羽田野正隆、福地保馬、三谷鉄夫、南弘征、邑本俊亮、森谷絜、弥和順、の諸先生に感謝いたします。

ワシントン大学時代の同僚のキャレン・クック、北海道大学での同僚の故・篠塚寛美、亀田達也、大津起夫、アラン・ミラー、結城雅樹、永田素彦（現・三重大学）、大沼進（現・富士常葉大学）の諸先生方には、研究を進めるにあたって公私にわたり大変お世話になりました。これらの得がたい同僚との議論なくして、本書で述べられた筆者の研究は存在しなかったでしょう。四半世紀にわたり同僚として、またパートナーとして筆者の研究を支えてくれた、大阪国際大学の山岸みどり教授も含め、これらの同僚の先生方に感謝いたします。

本書は、関西シーエスの狩俣昌子さんとPHP研究所の小木田順子さんの、二人の有能なプロデューサー／編集者なくしては、日の目を見ることはできなかったでしょう。最後になってしまいましたが、お二人の適切な助言とアドバイス、そしてはげましに感謝いたします。

二〇〇〇年五月

山岸俊男

PHP新書

PHP INTERFACE
https://www.php.co.jp/

山岸俊男［やまぎし・としお］

1948年名古屋市生まれ。一橋大学社会学部、同大学大学院を経て、80年ワシントン大学哲学博士。北海道大学助教授、ワシントン大学助教授を経て、現在、北海道大学大学院文学研究科教授。社会心理学専攻。社会的ジレンマ、信頼、社会的知性、共感など、心と社会との関係について、認知科学、心理学、社会学、経済学など多くの側面から、実験、調査、コンピュータ・シミュレーションなどを使って総合的に研究を進めている。

著書に『社会的ジレンマのしくみ』（サイエンス社）、『信頼の構造』（東京大学出版会、日経・経済図書文化賞受賞）、『安心社会から信頼社会へ』（中公新書）、"Social Dilemmas"（共著 Pergamon Press）など多数。

JASRAC 出0006180-415

社会的ジレンマ

PHP新書117

「環境破壊」から「いじめ」まで

二〇〇〇年七月五日 第一版第一刷
二〇二四年六月六日 第一版第十五刷

著者――山岸俊男
発行者――永田貴之
発行所――株式会社ＰＨＰ研究所
東京本部――〒135-8137 江東区豊洲5-6-52
ビジネス・教養出版部 ☎03-3520-9615（編集）
普及部 ☎03-3520-9630（販売）
京都本部――〒601-8411 京都市南区西九条北ノ内町11
編集協力――関西シーエス
装幀者――芦澤泰偉＋野津明子
印刷所
製本所――大日本印刷株式会社

ISBN978-4-569-61174-7

ＰＨＰ新書刊行にあたって

「繁栄を通じて平和と幸福を」（PEACE and HAPPINESS through PROSPERITY）の願いのもと、ＰＨＰ研究所が創設されて今年で五十周年を迎えます。その歩みは、日本人が先の戦争を乗り越え、並々ならぬ努力を続けて、今日の繁栄を築き上げてきた軌跡に重なります。

しかし、平和で豊かな生活を手にした現在、多くの日本人は、自分が何のために生きているのか、どのように生きていきたいのかを、見失いつつあるように思われます。そして、その間にも、日本国内や世界のみならず地球規模での大きな変化が日々生起し、解決すべき問題となって私たちのもとに押し寄せてきます。

このような時代に人生の確かな価値を見出し、生きる喜びに満ちあふれた社会を実現するために、いま何が求められているのでしょうか。それは、先達が培ってきた知恵を紡ぎ直すこと、その上で自分たち一人一人がおかれた現実と進むべき未来について丹念に考えていくこと以外にはありません。

その営みは、単なる知識に終わらない深い思索へ、そしてよく生きるための哲学への旅でもあります。弊所が創設五十周年を迎えましたのを機に、ＰＨＰ新書を創刊し、この新たな旅を読者と共に歩んでいきたいと思っています。多くの読者の共感と支援を心よりお願いいたします。

一九九六年十月

ＰＨＰ研究所

083 「弱者」とはだれか 小浜逸郎
099 〈脱〉宗教のすすめ 竹内靖雄
113 神道とは何か 鎌田東二

［心理・教育］

004 臨床ユング心理学入門 山中康裕
018 ストーカーの心理学 福島 章
039 話しあえない親子たち 伊藤友宣
047 「心の悩み」の精神医学 野村総一郎
053 カウンセリング心理学入門 國分康孝
065 社会的ひきこもり 斎藤 環
101 子どもの脳が危ない 福島 章
103 生きていくことの意味 諸富祥彦
111 「うつ」を治す 大野 裕

［社会・文化］

014 ネットワーク思考のすすめ 逢沢 明
019 ダービー卿のイギリス 山本雅男
021 日本人はいつから〈せっかち〉になったか 織田一朗
026 地名の博物史 谷口研語
037 マドンナのアメリカ 井上一馬
041 ユダヤ系アメリカ人 本間長世

072 現代アジアを読む 渡辺利夫
084 ラスヴェガス物語 谷岡一郎
089 高千穂幻想 千田 稔
093 日本の警察 佐々淳行
102 年金の教室 高山憲之
109 介護保険の教室 岡本祐三
110 花見と桜 白幡洋三郎

［ビジネス・人生］

003 知性の磨きかた 林 望
017 かけひきの科学 唐津 一
025 ツキの法則 谷岡一郎
075 説得の法則 唐津 一
112 大人のための勉強法 和田秀樹

PHP新書

［政治・経済・経営］

007	日本の反省	飯田経夫
010	世界名作の経済倫理学	竹内靖雄
020	入門・日本の経済改革	佐藤　光
033	経済学の終わり	飯田経夫
044	赤字財政の罠	水谷研治
051	朱鎔基の中国改革	朱　建栄
055	日本的経営の論点	飯田史彦
056	ブレアのイギリス	舟場正富
059	国際金融の現場	榊原英資
062	「現代デフレ」の経済学	斎藤精一郎
064	平成不況10年史	吉田和男
066	日本の雇用をどう守るか	宮本光晴
069	〈格付け〉の経済学	黒沢義孝
076	日本銀行・市場化時代の選択	中北　徹
082	入門・景気の見方	高木　勝
088	アメリカ・ユダヤ人の経済力	佐藤唯行
090	通貨の興亡	高橋乗宣
092	〈競争優位〉のシステム	加護野忠男
094	中国・台湾・香港	中嶋嶺雄
106	日米・技術覇権の攻防	森谷正規
114	ネット・ウォーズ	浜田和幸

［思想・哲学・宗教］

002	知識人の生態	西部　邁
015	福沢諭吉の精神	加藤　寛
022	「市民」とは誰か	佐伯啓思
024	日本多神教の風土	久保田展弘
028	仏のきた道	鎌田茂雄
030	聖書と「甘え」	土居健郎
032	〈対話〉のない社会	中島義道
035	20世紀の思想	加藤尚武
042	歴史教育を考える	坂本多加雄
052	靖国神社と日本人	小堀桂一郎
057	家族の思想	加地伸行
058	悲鳴をあげる身体	鷲田清一
067	科学とオカルト	池田清彦
070	宗教の力	山折哲雄
078	アダム・スミスの誤算	佐伯啓思
079	ケインズの予言	佐伯啓思
081	〈狂い〉と信仰	町田宗鳳